FROM FPS (FIRST PERSON SHOOTER) TO RPG (ROLE PLAYING GAME)

MANGA Junichi SAIKI
SCÉNARIO Jiraigen
CHARACTER DESIGN UGUME

VOL. 3

SOMMAIRE

PEU IMPORTE LE RANG,
SEUL COMPTE LE POUVOIR !
Shingo Ichinomiya, 25 ans, employé dans une grande entreprise, s'endort en pensant à sa journée remplie du lendemain. À son réveil, il se trouve dans le corps d'un jeune garçon de 6 ans nommé Wendelin Von Benno Baumeister. Il fait maintenant partie d'une famille noble mais pauvre, vivant dans un village reculé. Heureusement, il a été béni par un don très rare dans ce monde : la magie.
Anime disponible sur
crunchyroll
Série à découvrir chez Delcourt/Tonkam
LE HUITIÈME Fils 1
MANGA • HIROKI KUSUMOTO
ŒUVRE ORIGINALE • Y.A
CHARACTER DESIGN • FUZICHOCO
DELCOURT TONKAM
HACHINANTTE, SOREWA NAIDESHO! ©Hiroki Kusumoto 2015 / KADOKAWA CORPORATION

ARIFURETA
1 De Zéro à Héros
Manga RoGa
Œuvre originale Ryo Shirakome
Character design Takaya-ki
DELCOURT TONKAM
L'HEURE DE LA VENGEANCE A SONNÉ !
Au lycée, Hajime est persécuté par ses camarades. Lorsque sa classe est invoquée dans un autre monde, tous acquièrent des compétences magiques hors du commun, sauf lui, relégué au rang de simple synergiste. Trahi par l'un de ses compagnons et laissé pour mort dans un donjon, Hajime se réveille dans un niveau peuplé de puissants monstres. Il se jure alors de devenir plus fort pour remonter à la surface et se venger.
Série à découvrir chez Delcourt/Tonkam
Anime disponible su
WAKANIM
ARIFURETA: From Commonplace to World's Strongest Zero
©Ataru Kamichi ©Ryo Shirakome / OVERLAP

Manga RoGa
Œuvre originale Ryo Shirakome
Character design Takaya-ki
ARIFURETA ORIGINES 1
DELCOURT TONKAM
Aux origines de l'homme le plus fort du monde
Oscar Orks est un synergiste au talent incommensurable qui le dissimule pour couler des jours tranquilles. Milady Raisen est la détentrice d'une ancienne magie divine et descendante d'une famille nommée "les bourreaux". Ils décident de s'unir pour s'opposer aux divinités. Sans le savoir ils vont lier leur destin à celui d'Hajime et le feront devenir l'homme le plus fort du monde.
Série à découvrir chez Delcourt/Tonkam
ARIFURETA: From Commonplace to World's Strongest Zero
©Ataru Kamichi ©Ryo Shirakome / OVERLAP

Tondemo Skill de Isekai Hourou Meshi ©Akagishi K ©Ren Eguchi / OVERLAP
Hero Skill:
Achats en ligne
1
ON PEUT TOUJOURS COMPTER SUR LA RECONNAISSANCE DU VENTRE !
Mukoda et trois autres personnes ont été convoqués par erreur dans un monde d'heroic fantasy pour sauver ce monde. Avec sa compétence « achat en ligne » il est vite considéré comme inutile. Il décide alors de quitter le château en tant que cuisinier d'un groupe d'aventuriers. Alors qu'il leur prépare à manger, un démon loup apparaît, et en échange de trois repas par jour se charge de le protéger.
Série à découvrir chez Delcourt/Tonkam

FROM FPS TO RPG 03

Directeur de collection : Pascal Lafine
Supervision éditoriale : Justine Bouzid et Céline Ruaux
Suivi éditorial : Oriane Maumus
Traduction : Fabien Nabhan
Lettrage : Adèle Houssin
Conception graphique : Studio Delcourt/Soleil – Yohan Julien

Dépôt légal : mai 2024
ISBN :978-2-413-07534-9

Imprimé et relié en avril 2024
par L.E.G.O. S.p.A, en Italie.

Groupe Delcourt
6-8, rue Léon Jouhaux – 75010 Paris

www.editions-delcourt.fr

Postface
Design des personnages:
Ugume

Postface
Scénario:
Jiraigen

BONJOUR, ICI L'AUTEUR DE L'ŒUVRE ORIGINALE, JIRAIGEN. FÉLICITATIONS POUR LA SORTIE DE CE TROISIÈME TOME EN MANGA. ET SURTOUT, MERCI BEAUCOUP ! C'EST DANS CE TROISIÈME VOLUME QUE LE HÉROS DÉCOUVRE LE SECRET DE SON CORPS, ET QU'IL RÉFLÉCHIT À COMMENT GÉRER CE TERRIBLE MYSTÈRE OU À LA FAÇON D'ABORDER LA SUITE DE SA VIE DANS CE NOUVEAU MONDE. C'EST À LA SUITE DE CES RÉFLEXIONS QU'IL PREND UNE DÉCISION ET COMMENCE DÈS LORS À AGIR EN CE SENS.

À PARTIR DE LÀ, LE HÉROS VA POURSUIVRE SON EXPLORATION DES DONJONS, MULTIPLIER LES SÉQUENCES DE COMBAT ET S'ALLIER À DE NOUVEAUX COMPAGNONS. ET TOUT CELA, C'EST MAÎTRE JUNICHI SAIKI ET SON INCROYABLE TALENT QUI S'OCCUPERONT DE LE METTRE EN IMAGE, COMME IL L'A FAIT JUSQU'ICI. UN TALENT QUI A PERMIS DE DONNER VIE À MON ŒUVRE, GRÂCE À DES PERSONNAGES TRÈS EXPRESSIFS, AFFICHANT LEURS JOIES, LEURS SURPRISES, LEURS TOURMENTS ET LEUR DÉTERMINATION. JE NE L'EN REMERCIERAI JAMAIS ASSEZ !

J'AI LA CERTITUDE QUE MAÎTRE SAIKI, ET TOUTE L'ÉQUIPE DU CÔTÉ DE L'ÉDITEUR, CONTINUERONT À TRAVAILLER D'ARRACHE-PIED POUR NOUS FOURNIR UNE ADAPTATION D'UNE QUALITÉ ENCORE PLUS GRANDE VOUS PERMETTRA DE DÉCOUVRIR LES RAISONS DE L'ARRIVÉE DU HÉROS DANS CE MONDE PARALLÈLE !

QUANT À VOUS, CHERS LECTRICES ET LECTEURS, J'ESPÈRE QUE VOUS CONTINUEREZ À NOUS ENCOURAGER ET À SUIVRE PASSIONNÉMENT L'HISTOIRE DE SCHWARTZ ! MERCI ENCORE !

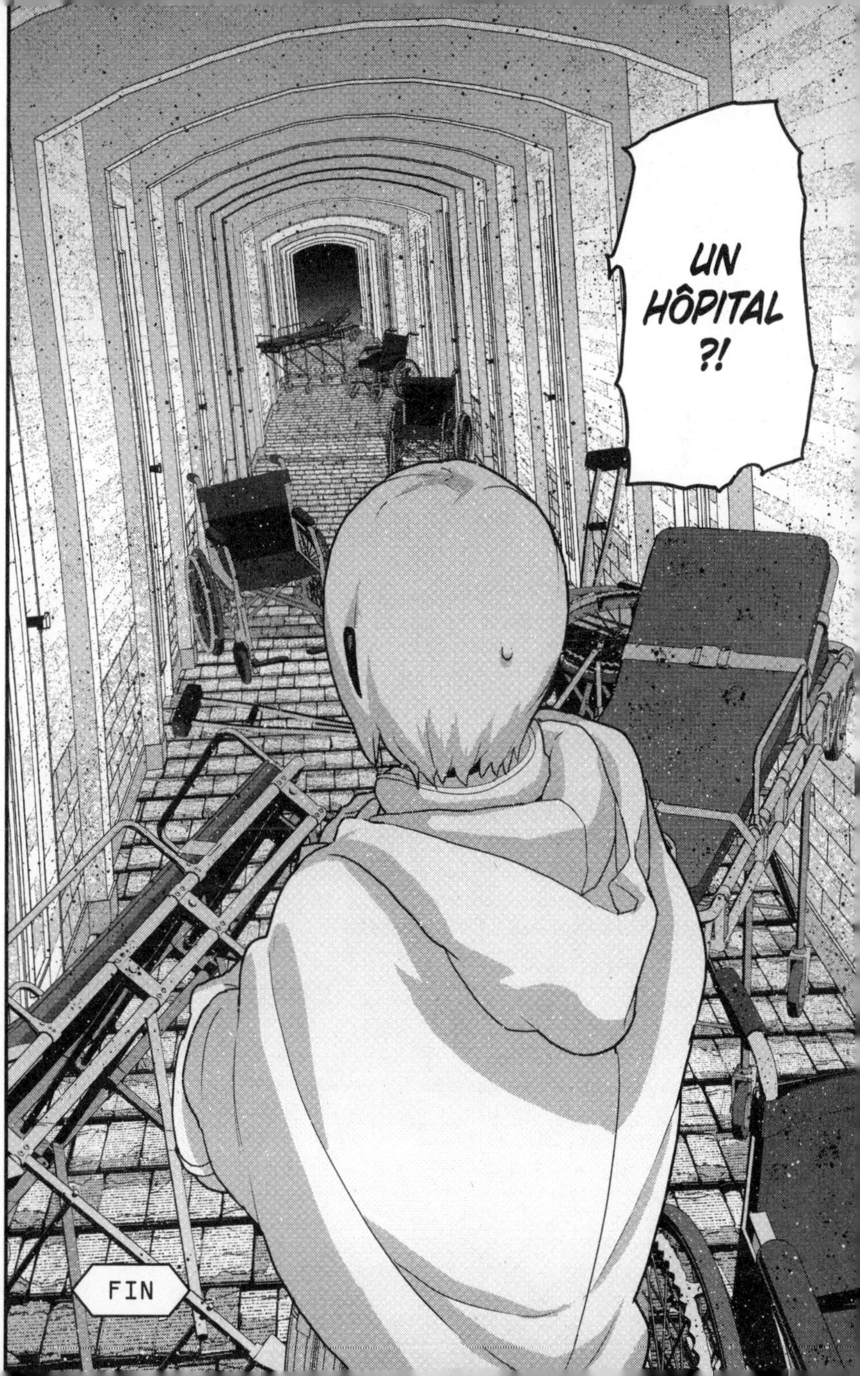
UN HÔPITAL ?!
FIN

CLONG
UNE CHAISE ROULANTE ?!
ZDOM
QUOI ?!

TRÈS BIEN. RETOURNONS AU CAMP.
O.K.
MAIS JE VAIS D'ABORD FAIRE LE TOUR DE CETTE SOURCE POUR LA CARTOGRAPHIER.
FAIS VITE...
HUM ?
KIIIIH
C'EST QUOI ?!
TCHAC

C'EST MAUVAIS, MIAOU !
UNE SOURCE DE PURETÉ ? DÈS LE PREMIER SOUS-SOL ?!
HEIN ?!
EN QUOI C'EST UNE MAUVAISE NOUVELLE ?!
EN TEMPS NORMAL …
CES SOURCES SONT CENSÉES SE TROUVER DANS LES SOUS-SOLS LES PLUS PROFONDS.
D'APRÈS NOTRE EX-PÉRIENCE …
ON TOMBE SOUVENT SUR DE PUISSANTES CRÉATURES APPELÉES "GARDIENS" APRÈS LES SOURCES DE PURETÉ.
ET ENSUITE, IL Y A, EN THÉORIE, LE MAÎTRE DU DONJON.
SI C'EST LE CAS, ON RISQUE D'AVOIR DU MAL À LES VAINCRE À NOUS TROIS.
MÊME AVEC UNE PUISSANCE DE COMBAT COMME LA LEUR ?!

OOOH !
UN LIEU PAREIL SOUS TERRE !
!
UNE SOURCE DE PURETÉ ?!
C'EST QUOI, UNE SOURCE DE PURETÉ ?
UNE ZONE DE SÉCURITÉ DANS LAQUELLE LES MONSTRES NE PÉNÈTRENT PAS.

HUM ?
BIP
IL Y A QUELQUE CHOSE PLUS LOIN ...
50/50

POUR L'INSTANT, POUR AVOIR UNE IDÉE DE LA TAILLE DU DONJON...
ESSAYONS D'EN AT-TEINDRE LE FOND.
NE VOUS INQUIÉTEZ PAS.
JE NE PEUX VOUS DÉVOILER MON SECRET, MAIS LA CRÉATION DE LA CARTE EST DÉJÀ EN COURS.
I... IL EST SÛR DE LUI ?
HUM...

INCROYABLE !!
ELLE VA AUSSI VITE QUE MOI AVEC MA TENUE RENFORCÉE.
ET PUIS ALORS CETTE MAGIE...
UNE VÉRITABLE BOUCHERIE, LÀ-DEDANS...
MIAH HA HA HA !
VAS-Y, MIAOU !
C'EST LE BON MOMENT POUR DESSINER TA CARTE !
ELLE A RAISON, IL VAUT MIEUX S'Y METTRE QUAND IL N'Y A PAS DE MONSTRES !

VIOUH
PAAH
DOM
BAM

C'EST QUOI, CETTE PUISSANCE ?!
GROOOH
SCHWARTZ !!
C'EST À NOUS, MIAOU !
GYOUH
GYOUH
DOM
PAM
PAM

VLAM
OUOOH !!
MAIS VOYONS, SCHWARTZ !!
NE SORS PAS TA TÊTE DE LÀ SI TU TIENS À LA VIE, MIAOU !
WHOUUH
BAM
BAM
BAM

CYCLONE !!
BAM
DOM

ET DONC ? QU'EST-CE QU'ON FAIT ?
JE VAIS D'ABORD LEUR LANCER UN SORT DE GRANDE ÉCHELLE, ET...
VOUS VOUS DÉBARRASSEREZ DE CEUX QUI RESTENT.

BIP
50/50
STOP.
ON A UN PAQUET DE MONSTRES DANS LA GRANDE SALLE PLUS LOIN.
JE NE SENS POURTANT PAS ENCORE LEUR ODEUR.
くんくん
SNIF SNIF
T'ARRIVES À LES SENTIR, SCHWARTZ ?
OUI.

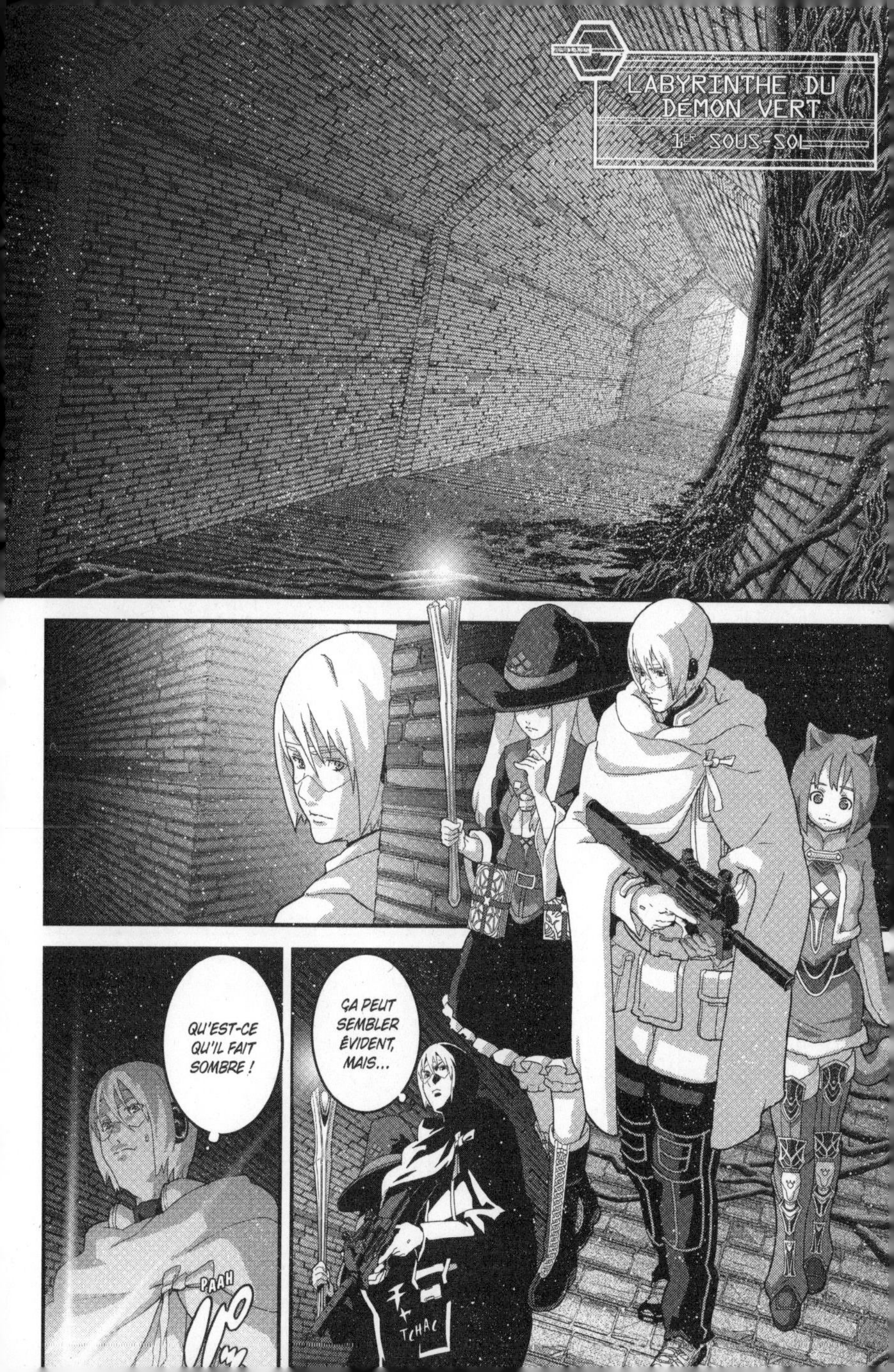
LABYRINTHE DU DÉMON VERT
1ER SOUS-SOL
ÇA PEUT SEMBLER ÉVIDENT, MAIS...
TCHAC
QU'EST-CE QU'IL FAIT SOMBRE !
PAAH

NOUS Y VOILÀ.
LA QUANTITÉ DE SANG AU SOL EST IMPRESSIONNANTE…
ON TE LAISSE PRENDRE LES DEVANTS, MIAOU !
TCHAC
PAS DE PROBLÈME.

AH...
AU FAIT...
MIAOU ?
VOUS PARLIEZ DE "SASANQUAS", TOUT À L'HEURE. C'EST QUOI ?
C'EST LE NOM DE NOTRE CLAN.
C'EST UN CLAN DE TAILLE MOYENNE À LA CAPITALE.
IL N'EST COMPOSÉ QUE DE FEMMES.
MAIS DIS-NOUS PLUTÔT QU'EST-CE QUE TES COMPÉTENCES GÉNÉALOGIQUES...
TE PERMETTENT DE FAIRE ?
MAIS VOYONS, ON NOUS A FAIT PROMETTRE DE NE PAS NOUS INTÉRESSER À LUI !
NOTRE QUÊTE NOUS L'IMPOSE !

AH... PAR CONTRE...
JE MAÎTRISE DES COMPÉTENCES GÉNÉALOGIQUES.
INCROYABLE ! DE VRAIES COMPÉTENCES GÉNÉALOGIQUES ?!
C'EST LA PREMIÈRE FOIS QUE J'EN RENCONTRE UN, MIAOU !
IMPRESSIONNANT...
ET MOI AUSSI, C'EST LA PREMIÈRE FOIS QUE JE RENCONTRE...
QUELQU'UN QUI RAJOUTE "MIAOU" À CHAQUE FIN DE PHRASE.
QU'IMPORTE, DIRIGEZ-VOUS TOUT DE SUITE VERS LE DONJON.
D... D'ACCORD...

VOUS DEVEZ ME PROMETTRE DE NE JAMAIS PARLER À PERSONNE DES COMPÉTENCES QUE VOUS LE VERREZ UTILISER …
COMME CELLES POUR DESSINER SES CARTES OU POUR SE BATTRE.
D… D'ACCORD.
MAIS JE NE VOIS AUCUNE ÉPÉE NI BÂTON SUR LUI, MIAOU.
QU'EST-CE QUE TU ES CAPABLE DE FAIRE EN DEHORS DES CARTES, SCHWARTZ ?
EUH… TOUT D'ABORD …
SACHEZ QUE JE SUIS UN MANUKE…
MIAOU ?! UN MANUKE ?! C'EST PAS VRAI ?!
C'EST LA PREMIÈRE FOIS QUE J'EN RENCONTRE UN, MIAOU !

EUH, JE M'APPELLE SCHWARTZ ...
AVENTURIER DE RANG D.
チーン
TING
DE RANG D ?!
ET ON VA DEVOIR PROTÉGER "ÇA", MIAOU ?!
OUI, MAIS ...
AVANT DE SAVOIR CARTOGRAPHIER, IL SAIT AU MOINS SE BATTRE UN PEU ?
NE VOUS INQUIÉTEZ PAS.
IL A DE BONNES CAPACITÉS DE COMBAT.
HA HA HA...
AUTRE CHOSE...

?!
DOM
MOI, C'EST MITCH DES SASANQUAS, MIAOU.
JE SUIS DE RANG B !
BAM
ET MOI FRAU, DES MÊMES SASANQUAS.
ÉGALEMENT AVENTURIÈRE DE RANG B.

LE GARÇON DERRIÈRE TOI, C'EST SCHWARTZ JE SUPPOSE ?
!
LEMMY M'A CONTACTÉ.
IL PARAÎT QU'IL EST ENVOYÉ POUR NOUS AIDER À CARTO-GRAPHIER LE DONJON.
JE SAIS QUE C'EST UN PEU RAPIDE, MAIS TU VAS DEVOIR T'Y RENDRE TOUT DE SUITE.
ON SAIT TROP PEU DE CHOSES AU SUJET DE CE DÉDALE.
JE VAIS DONC TE FOURNIR DEUX GARDES DU CORPS.
VENEZ ICI...
MITCH ET FRAU.

IL Y A UN NOMBRE DE TENTES HAL-LUCINANT...
ON SE CROIRAIT DANS UNE PETITE VILLE.
PAR ICI, SCHWARTZ.
FLAP
TE VOILÀ DE RETOUR, KITH, ET...

MAIS C'EST SUPER DANGEREUX !!
C'EST TOUT À FAIT ÇA ...
VOILÀ POURQUOI, ON ESSAIE DE RASSEMBLER LES AVENTU-RIERS LES PLUS COMPÉTENTS.

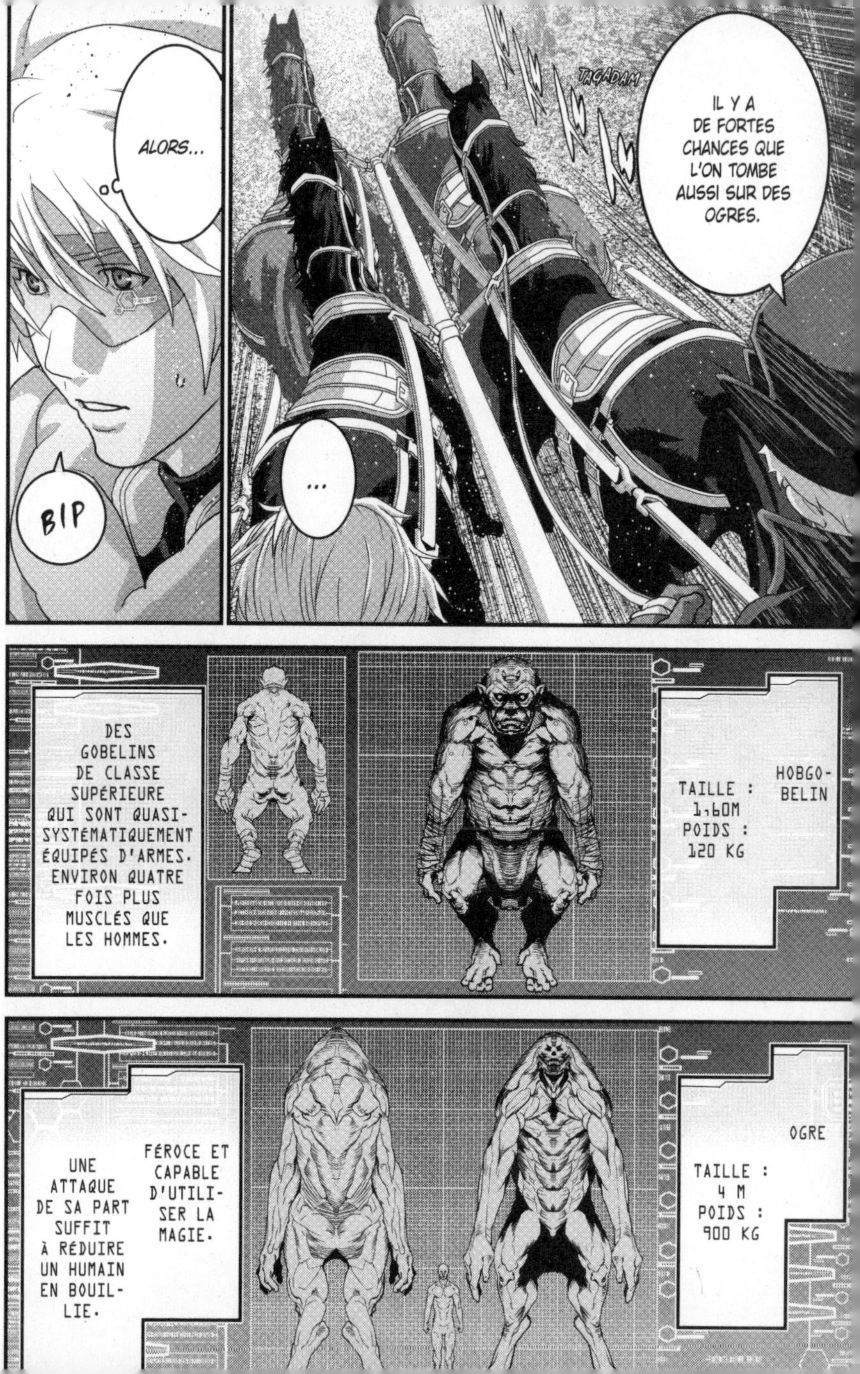
TAGADAM
IL Y A DE FORTES CHANCES QUE L'ON TOMBE AUSSI SUR DES OGRES.
...
ALORS...
BIP
HOBGO-BELIN
TAILLE : 1,60M POIDS : 120 KG
DES GOBELINS DE CLASSE SUPÉRIEURE QUI SONT QUASI-SYSTÉMATIQUEMENT ÉQUIPÉS D'ARMES. ENVIRON QUATRE FOIS PLUS MUSCLÉS QUE LES HOMMES.
OGRE
TAILLE : 4 M POIDS : 900 KG
FÉROCE ET CAPABLE D'UTILI-SER LA MAGIE.
UNE ATTAQUE DE SA PART SUFFIT À RÉDUIRE UN HUMAIN EN BOUIL-LIE.

LAISSE-MOI…
TE FAIRE UN RÉSUMÉ DE CE QU'ON SAIT.
SCHWARTZ…
TAGADAM
CE QUE L'ON A BAPTISÉ LE DONJON DU DÉMON VERT …
N'A, POUR L'INSTANT, PAS ÉTÉ EXPLORÉ AU-DELÀ DU PREMIER SOUS-SOL.
LES SEULS MONSTRES QUE NOUS AVONS RENCONTRÉS SUR PLACE SONT DES SEMI-HUMAINS.
DES GOBELINS, MAIS ÉGA-LEMENT…
DES HOBGOBELINS, LA VARIANTE DE CLASSE SUPÉRIEURE.

MOI C'EST SCHWARTZ.
LEMMY M'A ENVOYÉ ICI POUR VOUS AIDER.
CLAP
MOI C'EST KITH.
MERCI DE TON AIDE.
DÉSOLÉ D'ÊTRE SI BRUSQUE, MAIS JE DOIS DÉJÀ ME RENDRE SUR PLACE.
TU VAS DEVOIR M'AC-COMPAGNER.
D'AC-CORD.

#17
ZAAH
ZAAH
TIENS...
ZAAH
AH !
L'UN DES MEMBRES DE LA GUILDE RENCONTRÉS LE PREMIER JOUR DE MON ARRIVÉE ICI.
MAIS TU ES...
LE GARÇON QUI A SAUVÉ ASHLEY, L'AUTRE FOIS...

FROM FPS (FIRST PERSON SHOOTER) TO RPG (ROLE PLAYING GAME)

LE VILLAGE DE MAÏRAL.
ÇA FAISAIT UN BAIL.
FIN

VIOUM
FRRT
FRRT
FRRT
FRRT
FRRT
FRRT
PFIOU...

DAM
DAM
DAM
BIP
MAÏRAL N'EST PLUS TRÈS LOIN.
ON RANGE TOUT.
BIP

VROUUM
OUUUU-UUUUU-UUAAA-AAAAA-AAAAH !!
MAAA-AAAA-MAAA-AAAA-AAAN !
BON.
SORTONS DE LA ROUTE POUR ÉVITER DE NOUS FAIRE REMARQUER.
OUUUU-UUUUU-UUAAA-AAAAA-AAAAH !!
C'EST DINGUE !!

Kawasaki KLX250
MODÈLE DE L'ARMÉE
DE TERRE
Kawasaki
Kawasaki KLX250
MODÈLE DE L'ARMÉE
DE TERRE
CLAC
VROUUM
ZAAAAH
VIOUH

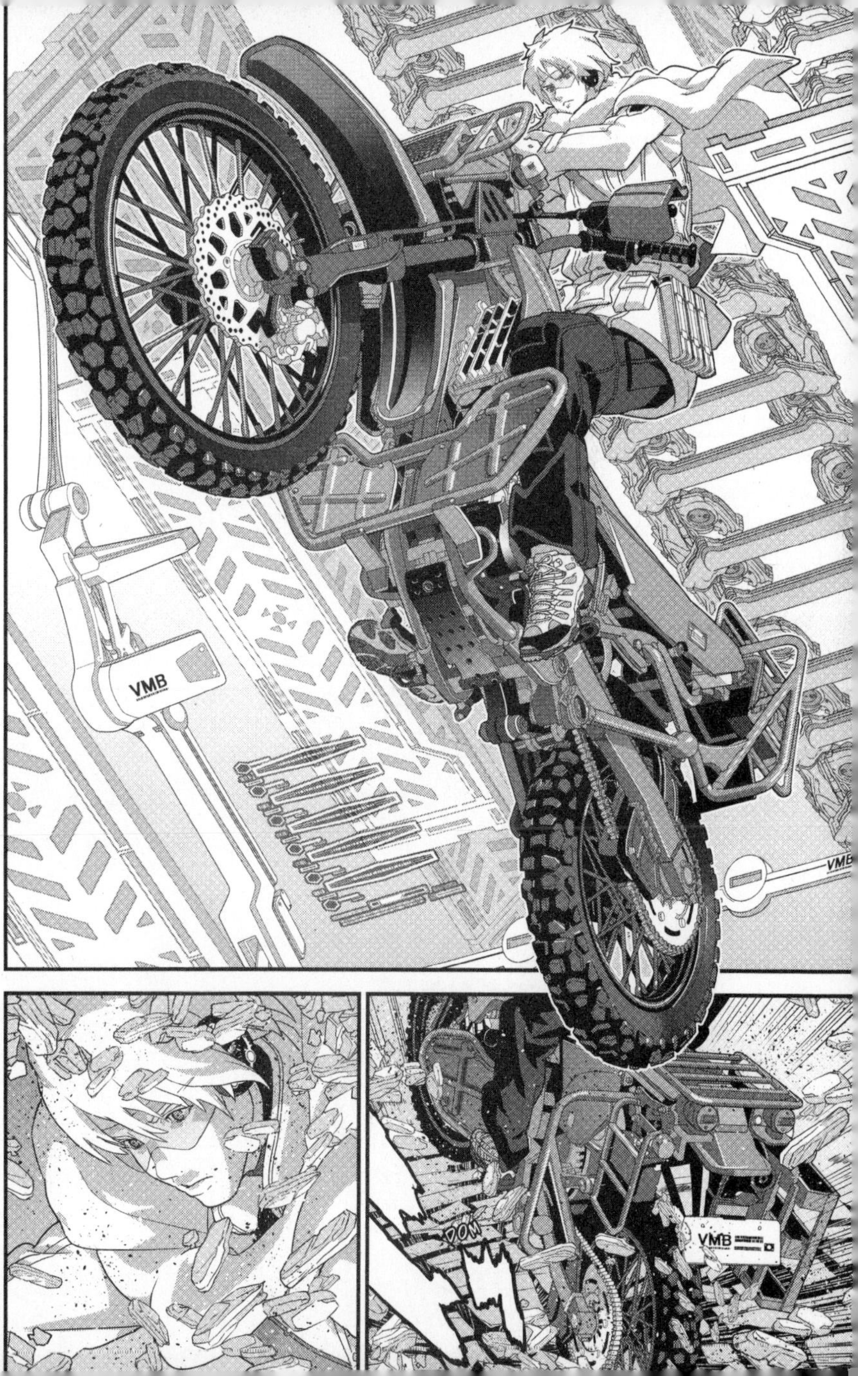
VMB
DOM
VMB

TAP
TAP
TAP
DAM
BIP
VIOUH
BIP
ARSENAL PRÊT.

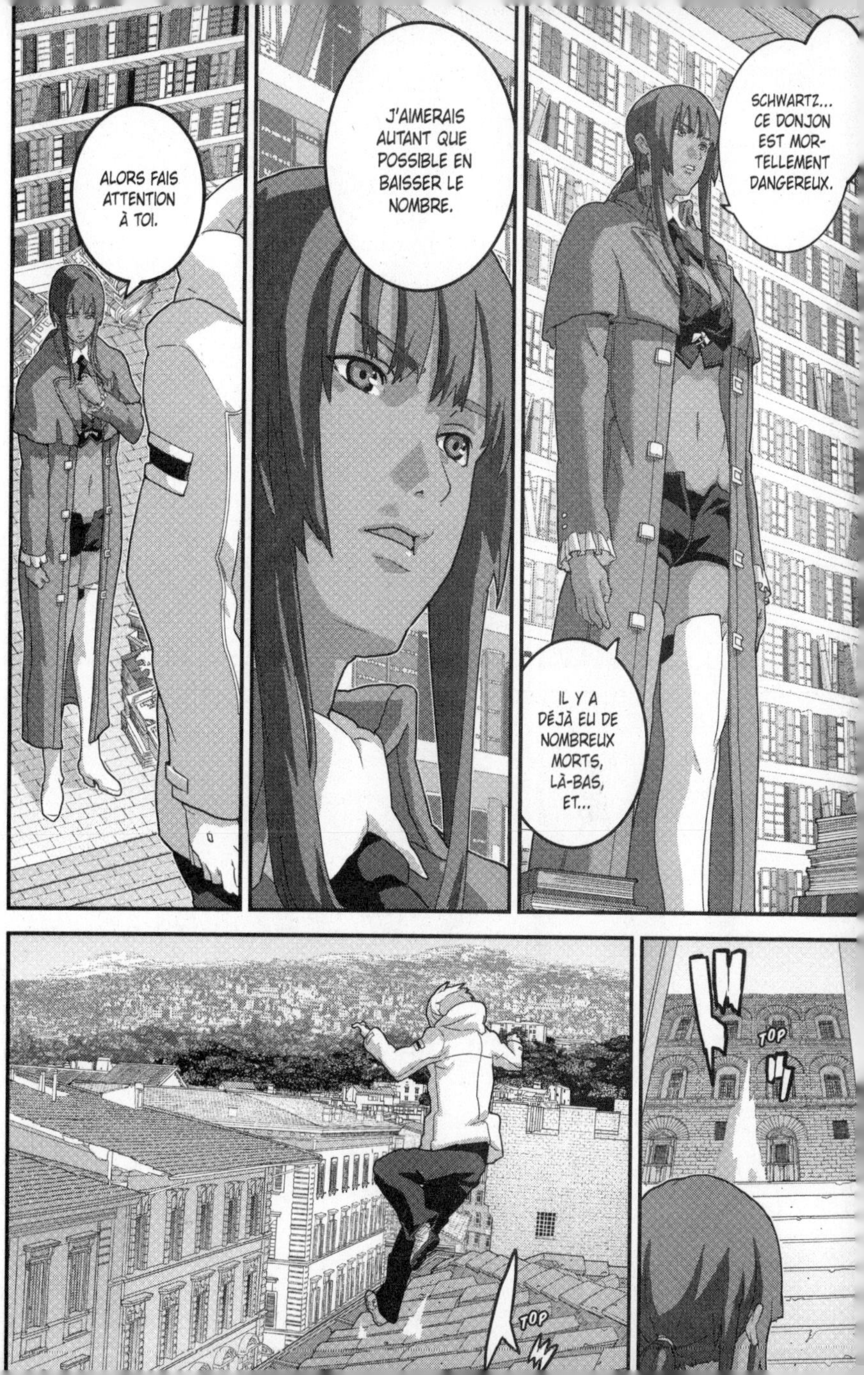
SCHWARTZ... CE DONJON EST MORTELLEMENT DANGEREUX.
IL Y A DÉJÀ EU DE NOMBREUX MORTS, LÀ-BAS, ET...
J'AIMERAIS AUTANT QUE POSSIBLE EN BAISSER LE NOMBRE.
ALORS FAIS ATTENTION À TOI.
TOP
TOP

HUM...
NON SEULEMENT TU ES UN MANUKE, MAIS TU POSSÈDES EN PLUS DES COMPÉTENCES GÉNÉALO-GIQUES...
J'IMAGINE QUE ÇA DOIT TE PESER.
TRÈS BIEN, J'ACCEPTE TES CONDITIONS.
JE VAIS ME RENDRE AU DONJON SUR PLACE SUR-LE-CHAMP.
HEIN ?! DÉJÀ ?!
PLUS VITE L'AF-FAIRE SERA RÉGLÉE, MIEUX C'EST, NON ?
C'EST VRAI...

TRÈS BIEN.
J'ACCEPTE.
HO HO ! JE TE REMERCIE !!
MAIS À UNE CONDITION.
HUM... LAQUELLE ?
TOUT D'ABORD, VOUS NE DEVREZ PARLER À PER-SONNE DE MES COMPÉTENCES.
ENSUITE ...
J'AIMERAIS QUE L'ON TAISE LE NOM DE L'AUTEUR DE CES CARTES.
JE VEUX, À TOUT PRIX ÉVITER D'ATTIRER L'ATTENTION.

IL Y A DÉJÀ DE NOMBREUSES VICTIMES…
NOUS DEVONS NOUS Y ATTAQUER AU PLUS VITE.
AUTREMENT, LE VILLAGE DE MAÏRAL RISQUE D'ÊTRE RAPIDE-MENT RAYÉ DE LA CARTE.
CONQUÉRIR LES LABY-RINTHES EST UNE AFFAIRE NATIONALE.
TU SERAS RÉMUNÉRÉ LE DOUBLE DE D'HABITUDE, ET BIEN SÛR …
NOUS TE PAIERONS GRACIEUSE-MENT POUR TES CARTES.
HUM …
ÇA M'EMBÊTE, CAR MON OBJECTIF À MOI, C'EST LE LABYRINTHE DES CROCS DU LOUP…
CEPENDANT, ÇA M'INTRIGUE AUSSI DE DÉ-COUVRIR À QUOI RESSEMBLE UN DONJON FRAÎ-CHEMENT SORTI DE TERRE.
IL Y A PEUT-ÊTRE DES CHOSES INTÉRES-SANTES À Y APPRENDRE.

SALUT, SCHWARTZ.
JE SERAIS RAVIE QUE TU...
ME FASSES PROFITER DE CETTE COMPÉTENCE.
PLOF
JE VOIS...
LE LABY-RINTHE DU DÉMON VERT, DIS-TU.

JE N'AI PLUS QU'À...
RECOPIER PAR...
TRANS-PARENCE !!
FROU
FROU
FROU
POF

LA GUILDE RACHÈTE TRÈS CHER LES CARTES BIEN RÉALISÉES.
JE NE DOIS PAS BÂCLER MON TRAVAIL.
BIP
TOUT D'ABORD ...
VIOUM
J'AFFICHE LA CARTE DU LABYRINTHE DES CROCS DU LOUP EN PREMIER PLAN...
ENSUITE, JE PLACE DU PAPIER EN DESSOUS ...
PUIS...

JUSTE UN PEU POMPETTE ON VA DIRE ...
PAR CONTRE ...
ASHLEY, QUI A BU BIEN PLUS QUE MOI...
AVAIT L'AIR NORMALE.
BLOM
コテッ
HA HA
あはは
BEUH
ボーッ
AAH !
JE N'AI QUE DU TRAVAIL DE BU-REAU...
AVEC CETTE CARTE À DESSI-NER !
PAS DE TRAVAIL SUR LE TERRAIN AUJOURD'HUI, JE PARVIEN-DRAIS MÊME PAS À VISER UN ÉLÉPHANT EN PLEIN DÉSERT !
BREF ! FAUT QUE JE ME CONCENTRE !!
BAM

OUUH...
POF
ARCHIVES DE BALGA
J'AI TROP BU, HIER SOIR...
DANS MON MONDE, LA SEULE FOIS OÙ J'AVAIS EU L'OCCASION DE BOIRE, C'ÉTAIT LORS DE LA CÉLÉBRATION DE LA VICTOIRE DE NOTRE TITRE EN ÉQUIPE...
JE NE TIENS PAS DU TOUT L'ALCOOL !

QU'EST-CE QUE C'EST QUE CE TRUC ?!
FASCINANT, NON ?
ZBAM
DES TRAITS PARFAITEMENT DROITS, SANS L'OMBRE D'UNE SINUOSITÉ !
ET L'ÉCHELLE DE CHAQUE TUNNEL EST PARFAITEMENT RESPECTÉE !
À MON AVIS, UNE CARTE PAREILLE NE PEUT ÊTRE...
DESSINÉE QU'À L'AIDE D'UN POUVOIR. CE N'EST PAS POSSIBLE AUTREMENT !
VLAF
VLAF
PRÉSENTE-MOI TOUT DE SUITE CELUI QUI A DESSINÉ ÇA !
AH !!

ET DONC, J'AIMERAIS SAVOIR SI TU CONNAISSAIS DU MONDE COMPÉTENT ?
HUM...
OH !
AH OUI ! JE CONNAIS QUELQU'UN D'INCRO-YABLE !
TU VEUX VOIR LA CARTE QU'IL M'A RAMENÉE, IL Y A QUELQUES JOURS ?
OUI !!
PAF
IL PARAÎT QUE C'EST LA CARTE DU PREMIER SOUS-SOL DU LABYRINTHE DES CROCS DU LOUP.

HUM...
TROUVER DES EMPLOYÉS, C'EST FACILE, MAIS...
DES CARTOGRAPHES, C'EST UNE AUTRE PAIRE DE MANCHES...
BREF... COMMENÇONS PAR DÉPOSER UNE DEMANDE À LA GUILDE.
IL FAUT DIRE QUE MÊME NOS "BONS" CARTOGRAPHES...
NOUS SORTENT DES GRIBOUILLIS COMME ÇA.

MÊME À PROXIMITÉ DE L'ENTRÉE DU DONJON…
LES VICTIMES SONT NOMBREUSES.
JE CROIS QUE LE CONTRÔLE DE L'INFORMATION POUR ÉVITER QUE DES EXPLORATEURS IMPRUDENTS S'Y RENDENT…
A ATTEINT SES LIMITES.
SI D'AUTRES EXPLORATEURS VENAIENT À SE PERDRE DANS CE DONJON, ÇA SERAIT MAUVAIS POUR NOUS !
BIEN !
RASSEMBLONS AU PLUS VITE DU PERSONNEL COMPÉTENT…
POUR CARTOGRAPHIER CE LABYRINTHE !
BIEN, CHEF.

LE FAIT QUE L'ÉQUIPE DE RECHERCHE ENVOYÉE SUR PLACE…
A ÉTÉ MASSACRÉE.
C'EST TOUT ?
OUI.
COMPARÉS À CEUX DES AUTRES DONJONS, LES TUNNELS DE CELUI-CI SONT APPAREMMENT I NTRIQUÉS DE MANIÈRE TRÈS COMPLEXE.
IL SEMBLERAIT AINSI QUE LES ÉQUIPES DE RECHERCHE SE SOIENT PERDUES DEDANS, ET…
QU'ELLES AIENT DÛ MULTIPLIER LES COMBATS CONTRE DES CRÉATURES…
JUSQU'À LA MORT DU DERNIER D'ENTRE EUX.

LE LABYRINTHE DU DÉMON VERT…
DIS-TU ?
OUI.
C'EST AINSI QUE CE NOUVEAU DONJON DÉCOUVERT À L'OUEST…
DU VILLAGE DE MAÏRAL A ÉTÉ BAPTISÉ.
LA SEULE CHOSE QUE JE PEUX VOUS RAPPORTER POUR LE MOMENT…
C'EST QUE CE LABYRINTHE NE REGORGE QUE DE CRÉATURES SEMI-HUMAINES …
AINSI QUE…

BON SANG !!
ILS ONT DÉJÀ FAIT DES RA-VAGES !!
AAAH !!
AH !
!

#16
À L'OUEST DU VILLAGE DE MAÏRAL.
HAA !
HAA !
!
HAA !
HAA !

FROM
FPS
FIRST PERSON SHOOTER
TO
RPG
ROLE PLAYING GAME

FROM
FPS
FIRST PERSON SHOOTER
TO
RPG
ROLE PLAYING GAME

JE CONTINUERAI DE VIVRE DANS CE MONDE PARALLÈLE ...
EN TANT QUE JOUEUR DE FPS !
FIN

VOILÀ POURQUOI…
JUSQU'À CE QUE JE TROUVE LA RAISON POUR LAQUELLE JE PEUX UTILISER LES POUVOIRS DE VMB…
VIOUM
JUSQU'À CE QUE JE COMPRENNE LE MOTIF POUR LEQUEL JE SUIS ARRIVÉ ICI AVEC CE CORPS DE JEU VIDÉO…
GYOUH
MAIS AUSSI…
JUSQU'À CE QUE JE COMPRENNE LA RAISON POUR LAQUELLE…
JE SUIS TOMBÉ DANS CE MONDE…

DEPUIS QUE VOUS...
ÊTES DEVENU EXPLORATEUR ...
VOUS ÊTES-VOUS DÉCOUVERT...
DES OBJECTIFS À ATTEINDRE ?
J'EN AI UN, OUI.
REVENIR DANS MON MONDE.
CEPENDANT...
JE N'AI MÊME PAS UN DÉBUT DE PISTE POUR L'ATTEINDRE.

LES FPS...
SE JOUENT EN GROUPE, DE MANIÈRE GÉNÉRALE.
C'EST QUELQUE CHOSE...
QUE JE SUIS POURTANT CENSÉ SAVOIR.
...
GIIIH
MERCI...
ASHLEY.

MAIS OUI !
J'AVAIS OUBLIÉ.
POUR AVANCER DANS MES OBJECTIFS …
IL ME FAUT DES COMPAGNONS.
AVEC LE POINT DE VUE D'UNE SEULE PERSONNE …
LE CHEMIN VERS TON BUT DEVIENT TROP ÉTROIT.
J'AI BESOIN DE PLUSIEURS AUTRES POINTS DE VUE, ET DONC …
DE PLUSIEURS CAMARADES.

BIENVENUE ...
MONSIEUR SCHWARTZ.
BONJOUR, MONSIEUR SCHWARTZ !
AUJOURD'HUI, C'EST Mlle...
ASHLEY QUI VOUS GUIDERA LORS DE CE TEST.

QUEL TALENT, SCHWARTZ !!
HA HA... UNE COMPÉTENCE ?
TU NE CESSERAS DONC JAMAIS DE M'ÉPATER, SCHWARTZ...
S'IL N'EXISTAIT QUE DES PERSONNES COMME TOI...
NOUS N'AURIONS JAMAIS PU DEVENIR AVENTURIERS.
SCHWARTZ !!
TOI AUSSI, PRÉPARE-TOI !
ON LE TERMINE, LE NOUVEAU !

SACHEZ QUE TOUS LES GENS QUE VOUS AVEZ RENCONTRÉS DANS CETTE VILLE DE BALGA…
NE FERONT JAMAIS LE CHOIX DE S'ÉLOIGNER DE VOUS PARCE QUE VOUS ÊTES DIFFÉRENT D'EUX.
EN TANT QU'AVENTU-RIER, ET…
EXPLORA-TEUR…
C'EST QUELQUE CHOSE QUE VOUS DEVEZ COMPRENDRE, NON ?

MONSIEUR SCHWARTZ...
D'OÙ QUE VOUS VENIEZ...
QUELLES QUE SOIENT LES EXPÉRIENCES QUE VOUS AVEZ VÉCUES, ET...
AUSSI PESSIMISTE ...
QUE VOUS PUISSIEZ ÊTRE AU SUJET DE NOTRE MONDE...

JE NE SAIS MÊME PAS SI JE PEUX ME DÉCRIRE COMME UN ÊTRE HUMAIN.
GYOUH
OUI...
JE SUIS...
UN CORPS ÉTRANGER À CE MONDE PARALLÈLE.

MAIS ASHLEY ...
JE SUIS MANUKE, AU CAS OÙ TU L'AURAIS OUBLIÉ.
ET PUIS...
JE SUIS DIFFÉRENT DES AUTRES.
UNE SORTE DE MONSTRE INCREVABLE AUX CAPACITÉS RÉGÉNÉRATIVES EXCEPTION-NELLES, ET...
CAPABLE D'UTILISER LES POUVOIRS ET COMPÉTENCES D'UN MONDE VIRTUEL, VMB...

IL Y A QUELQUE CHOSE...
EN VOUS QUI...
ME REMÉMORE CES AVENTURIERS QUE JE NE VOYAIS JAMAIS REVENIR.
J'AI LE SENTIMENT QUE SI VOUS PERSISTEZ AINSI...
À PARTIR À L'AVENTURE SEUL, IL VOUS ARRIVERA, UN JOUR, LA MÊME CHOSE QU'EUX.
VOILÀ POUR-QUOI...
J'INSISTE POUR QUE VOUS VOUS TROUVIEZ DES COMPAGNONS.

EXACTEMENT.
MONSIEUR SCHWARTZ ...
EN TANT QU'INSPECTRICE DE LA GUILDE ...
PERMETTEZ-MOI DE VOUS DONNER UN CONSEIL.

ET POURTANT…
C'EST LE CHOIX QUE TU AS FAIT.
TU AS DÉCIDÉ, NON PAS…
D'ASSISTER LES AVENTURIERS AVANT LEUR DÉPART, MAIS DE LEUR GARANTIR UN PEU PLUS DE SÉCURITÉ.
C'EST BIEN ÇA ?

LES RAISONS ÉTAIENT DIVERSES, MAIS...
L'UNE D'ELLES ÉTAIT QU'ON MANQUAIT D'EXAMINATEURS À LA GUILDE.
ILS ONT POUR MISSION DE CONTRÔLER ASSIDÛMENT LES INFORMATIONS RAMENÉES À LA GUILDE PAR LES AVENTURIERS, ET....
ILS PEUVENT SE RENDRE SUR PLACE AFIN D'EFFECTUER UNE ENQUÊTE PRÉLIMINAIRE, ET...
EN CAS DE DOUTES OU D'INCERTITUDES PRÉMONITOIRES ...
C'EST ÉVIDEMMENT...
TRÈS DANGEREUX.

MAIS...
AU FIL DU TEMPS...
J'AI CONSTATÉ QUE LES AVEN-TURIERS QUE J'ENVOYAIS...
EN MISSION...
NE RE-VENAIENT PARFOIS PLUS.

J'AI DONC FAIT LE CHOIX DE DEVENIR HÔTESSE DE GUILDE.
ASHLEY ? HÔTESSE DE GUILDE ?
ÇA A DÛ CRÉER DE SACRÉES QUEUES DEVANT TON COMPTOIR.
OH QUE OUI... JUSQU'À L'EXTÉRIEUR, MÊME...
QUOI ?!
JE RIGOLE !!
HA HA HA...
UNE HÔTESSE DE GUILDE EST CENSÉE BIEN CONNAÎTRE LES CRÉATURES MAGIQUES ET LA GÉOGRAPHIE...
POUR AIDER LES AVENTURIERS.

ILS SONT…
DEVENUS MA BOUSSOLE, EN QUELQUE SORTE.
AH…
AU FAIT.
POURQUOI ES-TU DEVENUE INSPECTRICE, ASHLEY ?
LES CIR-CONSTANCES FAMILIALES M'Y ONT POUSSÉE.
AU DÉPART, JE NE PAR-VENAIS PAS À TROUVER DE SENS À CE TRAVAIL…

DES VIES ONT ÉTÉ SACRIFIÉES...
D'AUTRES ONT PU ÊTRE SAUVÉES, MAIS...
ILS M'ONT TOUS PARU...
ÊTRE DES SORTES DE BOUCLIERS PROTÉGEANT LE PEUPLE DU MAL ENVOYÉ SUR TERRE.
VOUS ÊTES VRAIMENT...
TOMBÉ SUR D'EXCELLENTS AVENTURIERS, JE CROIS.

コトッ
TOP
J'AI ASSISTÉ À CE QUE VIVENT VRAIMENT LES AVENTURIERS, CE JOUR-LÀ.
AVEC TRÈS PEU D'INFORMATIONS EN POCHE...
ON S'EST RENDUS SUR PLACE, ET...
ON A COMBATTU DES MONSTRES AFFAMÉS.

NON...
LA MOITIÉ DU GROUPE ...
EST MORTE.
HEIN ?
VOICI UN PETIT APÉRITIF.
BLOUP BLOUP
トポポ

HI HI...
JE SUIS IMPATIENTE.
MOI AUSSI.
ÇA FAIT PLUSIEURS JOURS QUE JE NE MANGE QUE DES RATIONS DE VOYAGE.
ENFIN UN BON REPAS CHAUD !
LE REPAS EST TRÈS IMPORTANT POUR LES AVENTU-RIERS.
TOUTE VOTRE ÉNERGIE PROVIENT UNIQUEMENT DE CES REPAS.
C'EST VRAI.
LA DERNIÈRE FOIS QUE JE SUIS PARTI À L'AVENTURE EN FORMANT UN GROUPE...
ON N'A PAS MANGÉ UNE SEULE FOIS DURANT TOUT LE VOYAGE, C'ÉTAIT TER-RIBLE...
MAIS ON EST BIEN PLUS EN SÉCURITÉ QUAND ON EST PLUSIEURS, NON ?
RIEN QUE ÇA, ÇA A DÛ TE FACILITER LA TÂCHE ?

MERCI BEAUCOUP.
OH ! REGARDEZ, MONSIEUR SCHWARTZ ! ILS PROPOSENT DU POISSON !
HEIN ?
TU AIMES LE POISSON, TOI ?
OUI !
J'AI ÉTÉ ÉLEVÉE DANS UNE VILLE CÔTIÈRE.
DEPUIS QUE JE SUIS VENUE À L'INTÉRIEUR DU CONTINENT...
IL NE M'EST PLUS POSSIBLE DE MANGER DU POISSON QU'EN ALLANT DANS LES RESTAURANTS DE LUXE.
ALORS CHOISISSONS DU POISSON, SI TU VEUX.
BIEN REÇU, MESSIEURS DAMES.

CLAP
C'EST LA TABLE SPÉCIALE DE NOTRE ÉTA-BLISSEMENT.
OUAH !
SOUH
SUIVEZ-MOI.

ARRÊTE DE ME FAIRE PEUR, ASHLEY…
LE MARTA QUE JE CONNAIS …
N'EST QU'UN PETIT GROS TOUT SOURIANT ET ÂGÉ.
EH OUI…
C'EST EXACTEMENT LA DESCRIPTION DU PRÉSIDENT.
QUOI ?!
IL EST SPÉCIAL…
LA COMPAGNIE MARCHANDE MALIDA EST L'UNE DES PLUS GRANDES DU PAYS, ET…
POUR INFORMATION, "MALIDA", C'EST LE NOM DE SA FEMME !
HEIN ?!
COMME JE L'AI RENCONTRÉ SEUL SUR SON CHARIOT, AU BEAU MILIEU DE LA CAMPAGNE, SANS PROTECTION RAPPROCHÉE…
HYAAH
J'ÉTAIS PERSUADÉ QUE C'ÉTAIT JUSTE UN CADRE INTERMÉDIAIRE DE SA COMPAGNIE MARCHANDE !
DOM
DOM
DOM
HEIN ?!
IL A FAIT ÇA, LUI ?!
M… MADAME MONSIEUR …
SUIVEZ-MOI…

MONSIEUR SCHWARTZ ...
OUI ?
VOUS ÊTES AMI AVEC M. MARTA ...
DE LA COMPAGNIE MARCHANDE MALIDA ?
EUH... OUI.
ON FAIT DU BUSINESS ENSEMBLE.
HEIN ? VOUS VOULEZ DIRE QUE VOUS TRAITEZ PERSONNELLE-MENT AVEC LE PRÉSIDENT DE LA CHAMBRE DE COMMERCE ?!
PARDON ?!

NOUS AVONS UNE RÉSERVATION À VOTRE NOM...
PRISE PAR M. MARTA, DE LA COMPAGNIE MARCHANDE MALIDA.
JE VOUS EN PRIE ...
SUIVEZ-MOI À L'INTÉRIEUR.
...
...

C'EST INCROYABLE QUE VOUS AYEZ PU Y RÉSERVER UNE TABLE !
BEN QUOI ? QU'EST-CE QUI NE VA PAS, MONSIEUR SCHWARTZ ?!
AAAH !!
MAIS QUELLE ERREUR J'AI COMMISE !
M. MARTA ! POURQUOI M'AVEZ-VOUS CONSEILLÉ UN RESTO AVEC RÉSERVATION OBLIGATOIRE ?!
C'EST LE PIRE DES SCÉNARIOS !
GROOH
MONSIEUR SCHWARTZ, JE PRÉSUME ?
?!
BAM

ZDOM
HUM ?!
OUAAH ! MAIS C'EST LE CÉNOTE !!
C'EST L'UN DES RESTAURANTS LES PLUS HUPPÉS DE LA VILLE !
QUOI ?!

IL PARAÎT QU'ON S'Y SENT COMME CHEZ SOI.
AH BON ?
JE SUIS CURIEUSE DE VOIR ÇA.
HA HA HA
HI HI

PAR-DON...
JE VOUS AI FAIT AT-TENDRE ?
NON ÇA VA, JE VIENS D'ARRIVER.
ALLONS-Y.
LE PRO-BLÈME, DANS CE QUAR-TIER...
C'EST QU'APRÈS 18 HEURES, TOUS LES RESTAURANTS ET TAVERNES SONT BONDÉS.
ON DOIT MARCHER UN PEU POUR ALLER À NOTRE RESTAURANT.
T'INQUIÈTE ...

ゴー DONG
ゴー DONG
ゴー DONG
ゴー DONG
DÉJÀ 18 HEURES ...
ÇA DOIT ÊTRE L'HEURE DE FIN DU TRAVAIL DANS CE MONDE...
IL Y A TELLE-MENT DE GENS.

DANS CE CAS…
ゴッ
FRRT
JE TE SUGGÈRE D'ALLER DANS CELUI-CI.
J'Y VAIS SOUVENT AVEC MA FEMME.
ON Y MANGE BIEN, ET…
ON S'Y SENT COMME CHEZ SOI.
MERCI À VOUS, MONSIEUR MARTA. JE DOIS Y ALLER.
HA HA ! BON COURAGE !

BLING
ドチャ
AH !
#15
AU FAIT, MONSIEUR MARTA...
OUI, QUE PUIS-JE POUR TOI ?
AVEZ-VOUS...
UN BON RESTAURANT DANS LE COIN À ME CONSEILLER ?
HUM...
NYARK
C'EST POUR UN RENCARD ?
EUH OUI, ON VA DIRE...

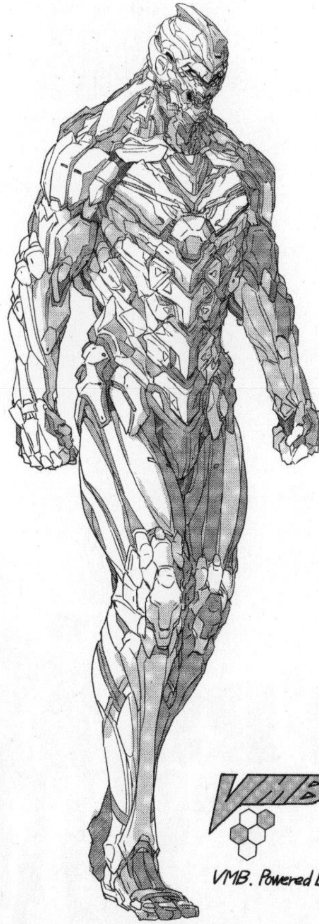

FROM FPS
FIRST PERSON SHOOTER
TO RPG
ROLE PLAYING GAME

VMB

VMB. Powered Exoskeleton.

FROM
FPS
FIRST PERSON SHOOTER
TO
RPG
ROLE PLAYING GAME

UN JOUR, IL EST POSSIBLE ...
QUE JE TE DEMANDE DE L'AIDE POUR DU TRANSPORT DE MARCHANDISES !
PAAAAAH
HA HA HA...
BIP
SI L'OC-CASION SE PRÉSENTE ...
VLOUF
ZYEUTE
OUAAAH... CE REGARD ...
FIN

?!
TOUT ÇA, ÇA PEUT RENTRER LÀ-DEDANS ?!
AH ET EN PLUS, J'AI CE COFFRET EN PLUSIEURS EXEMPLAIRES.
ON PEUT STOCKER DEDANS EN MASSE, SANS SE PRÉOC-CUPER DE LA TAILLE !
ET IL DISPARAÎT QUAND ON LE PORTE !
QUE CE SOIT EN TERMES DE PRÉVENTION DES VOLS...
OU DE TRANSPORT, C'EST UNE COMPÉTENCE EXTRAORDINAIRE, SCHWARTZ !
J...
J'IMAGINE, OUI.

ET DONC, QUELLES SONT LES QUANTITÉS QUE TU PEUX TRANSPORTER LÀ-DEDANS ?
TU NE CESSERAS DONC JAMAIS DE M'ÉPATER, SCHWARTZ...
HA HA HA... UNE COMPÉ-TENCE ?
LEUR TAILLE N'A AUCUNE IMPORTANCE.
99 EXEM-PLAIRES D'UN MÊME OBJET PAR CASE, SA-CHANT QU'IL Y EN A 30, ET...
COMMENT ?!

QU'EST-CE QUE C'EST QUE ÇA ?!
DISONS QUE...
C'EST UNE SORTE DE SAC À OUTILS.
IL EST LITTÉRALE-MENT...
SORTI DE NULLE PART !
CLIC
!
CLAC
...
C'EST UNE DE MES COMPÉTENCES.

ET J'EN AI D'AUTRES !
EUH... LA GOURDE ME CONVIENDRA AMPLEMENT, MERCI.
SI J'ACHÈTE TOUT... JE NE POURRAI PLUS PAYER LE DÎNER CE SOIR ...
AH... TANT QUE J'Y SUIS, POURRIEZ-VOUS ME RACHETER MON SURPLUS DE PIERRES MAGIQUES ?
ピッ
BIP
BIEN SÛR, AVEC PLAISIR !
OOOH !!

JETTE UN COUP D'ŒIL À ÇA !
C'EST UN OBJET TRÈS RARE QUE JE ME SUIS PROCURÉ AUJOURD'HUI.
UNE GOURDE MAGIQUE NE NÉCESSITANT AUCUNE ÉNERGIE MAGIQUE POUR S'EN SERVIR !
?!
L'ASTUCE SE TROUVE AU FOND DE LA GOURDE.
C'EST UNE PIERRE MAGIQUE D'EAU TOUJOURS ACTIVE QUI PERMET UNE CRÉATION D'EAU NON-STOP.
C'EST TOUT SIMPLEMENT DU GÉNIE.
OH !
ÇA PEUT EFFECTIVEMENT ÊTRE TRÈS UTILE POUR UN MANUKE COMME MOI !

LE THÉ QUE ME PROPOSE MONSIEUR MARTA ... RESSEMBLE BEAUCOUP À CEUX QUE L'ON BOIT DANS MON MONDE.
C'EST TRÈS AGRÉABLE COMME SENSATION.
J'ADORE CE PARFUM.
HA HA HA !
TU ES BIEN LE SEUL...
À AUTANT APPRÉCIER LES THÉS QUE JE PROPOSE, SCHWARTZ !

J'AIMERAIS ACHETER UN NOUVEL ÉQUIPEMENT POUR MES PROCHAINES EXPLORATIONS DE DONJONS.
J'AI BEAUCOUP DE CHOSES À TE PROPOSER, DANS CE CAS, MAIS...
CELA VA PRENDRE UN PEU DE TEMPS POUR TE SORTIR TOUT CE QUE J'AI À TE PROPOSER.
UN PEU DE THÉ EN ATTENDANT ?
VOLONTIERS, MERCI.

BONJOUR, MONSIEUR MARTA.
OH !
SALUT À TOI, SCHWARTZ !
QUE ME VAUT L'HONNEUR DE TA VENUE AU-JOURD'HUI ?

VIOUM
JE DOIS CHANGER D'ÉTAT D'ESPRIT.
AU FAIT, J'AVAIS OUBLIÉ LE COFFRET CADEAU.
GRÂCE À LUI, J'AI BIEN PLUS DE PLACE POUR PORTER MES BUTINS.
CLAP
J'AI ENCORE UN PEU DE TEMPS AVANT LE DÎNER.
JE VAIS ME RÉÉQUIPER UN PEU, EN VUE DE MES PROCHAINES EXPÉDITIONS.

AH OUI...
JE DÎNE AVEC ASHLEY, CE SOIR.
IL N'Y AURAIT PAS PIRE SUJET DE CONVERSATION QUE CELUI DE MA DÉPRIME ACTUELLE, AU DÎNER.
BIP
VIOUM
BIP

DE...
Z Z Z ...
BIP BIP BIP BIP BIP BIP
AM 10:25 32
BIP BIP
OUUH...
ZOM
...

DOM
BON...
JE CROIS QU'IL FAUT PENSER DIFFÉREMMENT.
CE CORPS EST...
PARFAIT POUR VIVRE DANS CE MON...

JE SUIS ÉREINTÉ …
PSYCHOLO-GIQUEMENT…

BAM
TAC
TAC
TAC
...

PEUT-ÊTRE...
NON ...
BIP
SÛREMENT ...
ÊTRE VIVANT.
OOOO-OOOO-OOOO-OOOO-OOOO-OOOH !!!

BLOM
QUE JE RESSENS TOUJOURS LA DOULEUR...
LA FAIM, ET...
LE SOMMEIL QUAND VIENT LA NUIT.
BAM
DONC ...
BLOM
JE DOIS...
DOM

POUR LE MOMENT, JE SUIS EN PLEIN DONJON.
PUISQUE J'AI FAIT LE CHOIX DE VIVRE DANS CE MONDE PARALLÈLE ...
JE DOIS EXPLOITER LES POSSI-BILITÉS OFFERTES PAR CE CORPS À LEUR MAXIMUM, ET...
VIOUH
JE NE DOIS PAS OUBLIER ...

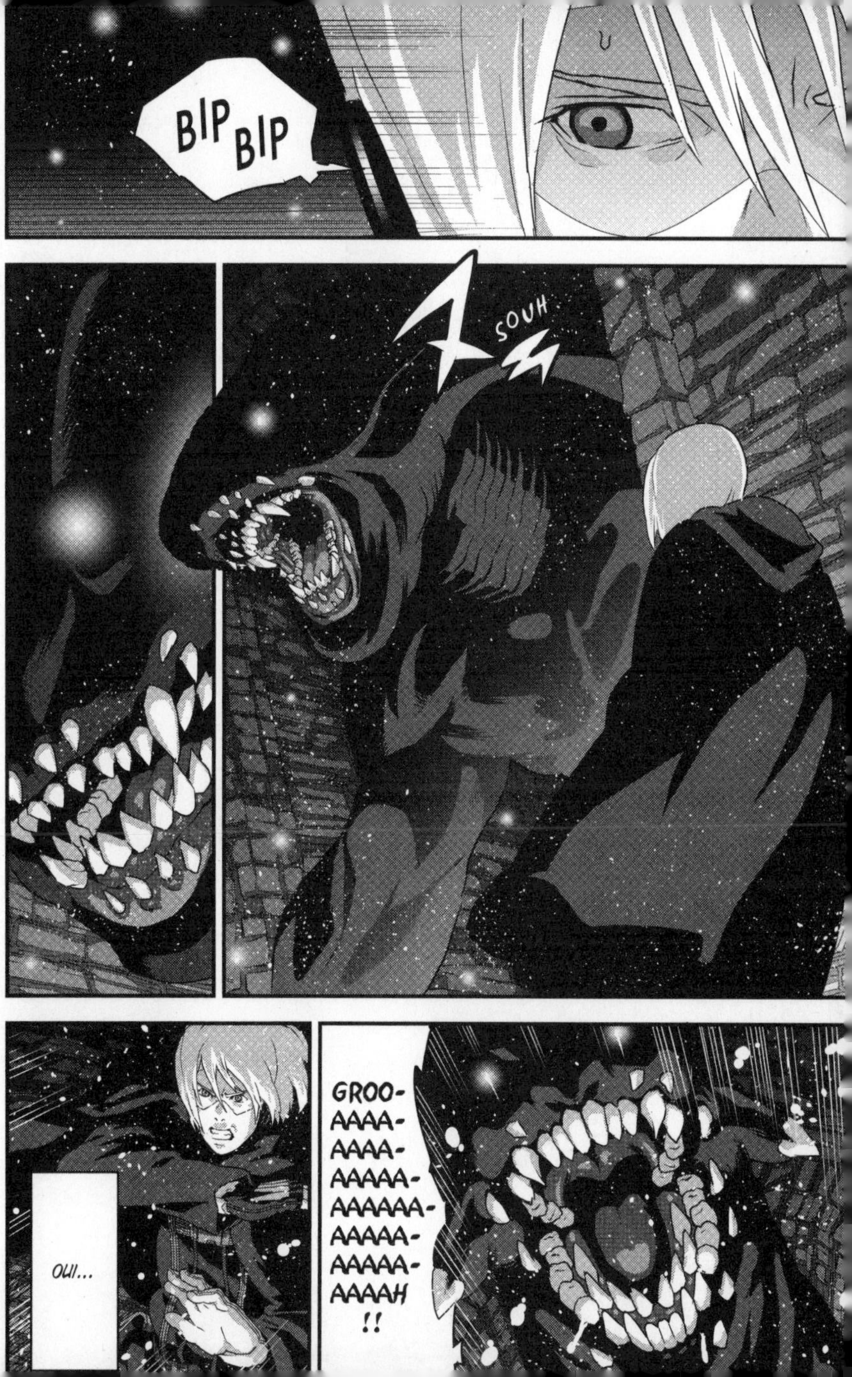
BIP BIP
SOUH
GROO-
AAAA-
AAAA-
AAAAA-
AAAAAA-
AAAAA-
AAAAA-
AAAAH
!!
OUI...

PSHIII
PSHIII
PSHIII

C'EST PAS VRAI …
NE ME DITES PAS…
QUE JE SUIS COMME CES MONSTRES ?!
JUSTE UN CORPS CONÇU PAR ET POUR LE JEU ?!
VOIRE UN CORPS FABRIQUÉ PAR LE DONJON ?!
QUELLE DIFFÉRENCE Y A-T-IL ENTRE EUX ET MOI ?!

DANS CE MONDE PARALLÈLE AVEC LE CORPS DE MON AVATAR…
QUI SE TROUVE DANS LE MONDE RÉEL ?
QU'EST-IL ADVENU À MON VÉRITABLE CORPS ?!

JUSQU'À REDEVENIR NORMAL.
VMB
IL M'ARRIVE EXACTEMENT LA MÊME CHOSE QUE DANS VMB !
EH MERDE !!
MAIS ALORS, SI JE VIS...
COMMENT ÇA SE FAIT ?!

ET QUAND BIEN MÊME SERAIENT-ILS ATTEINTS...
TANT QU'ILS NE MEURENT PAS...
AUCUNE CHANCE DE PERDRE UN BRAS OU UNE JAMBE.
LE TEMPS QUI PASSE ...
LES SOIGNE NATURELLE-MENT...
VMB

POUR LA SIMPLE ET BONNE RAISON QU'IL N'EXISTE AUCUN PARAMÈTRE D'ENDURANCE DANS LE JEU.
EN AUCUN CAS, LES AVATARS DE VMB ...
LES AVATARS DES JOUEURS PEUVENT COURIR À LEUR GUISE, ET...
SAUTER AUTANT QU'ILS LE VEULENT.
N'ONT BESOIN DE SE REPOSER À CAUSE DE LA FATIGUE ...
AINSI, ILS MULTIPLIENT PARFOIS LES ACROBATIES, D'AUTRES FOIS LES COMBATS GROUPÉS...
EN NE CESSANT JAMAIS DE PLONGER POUR ESQUIVER LES BALLES ET LES BOMBARDEMENTS.

LES JOUEURS SE COMBATTENT LIBREMENT ...
SUR CES CHAMPS DE BATAILLE.
VMB
GO!!
VIOUH
DODODOM
VMB

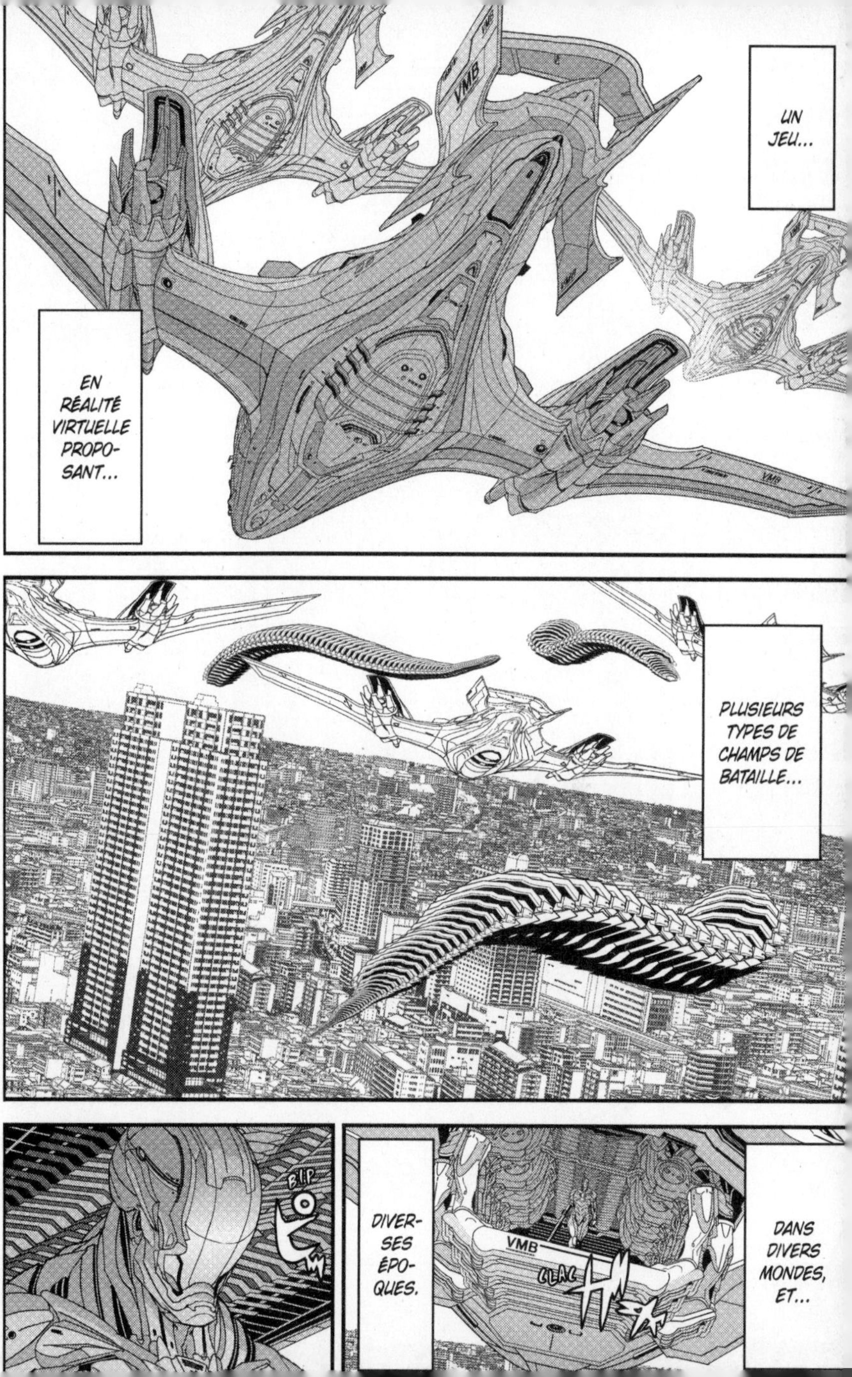
UN JEU...
EN RÉALITÉ VIRTUELLE PROPOSANT...
PLUSIEURS TYPES DE CHAMPS DE BATAILLE...
DANS DIVERS MONDES, ET...
VMB
CLAC
DIVERSES ÉPOQUES.
BIP

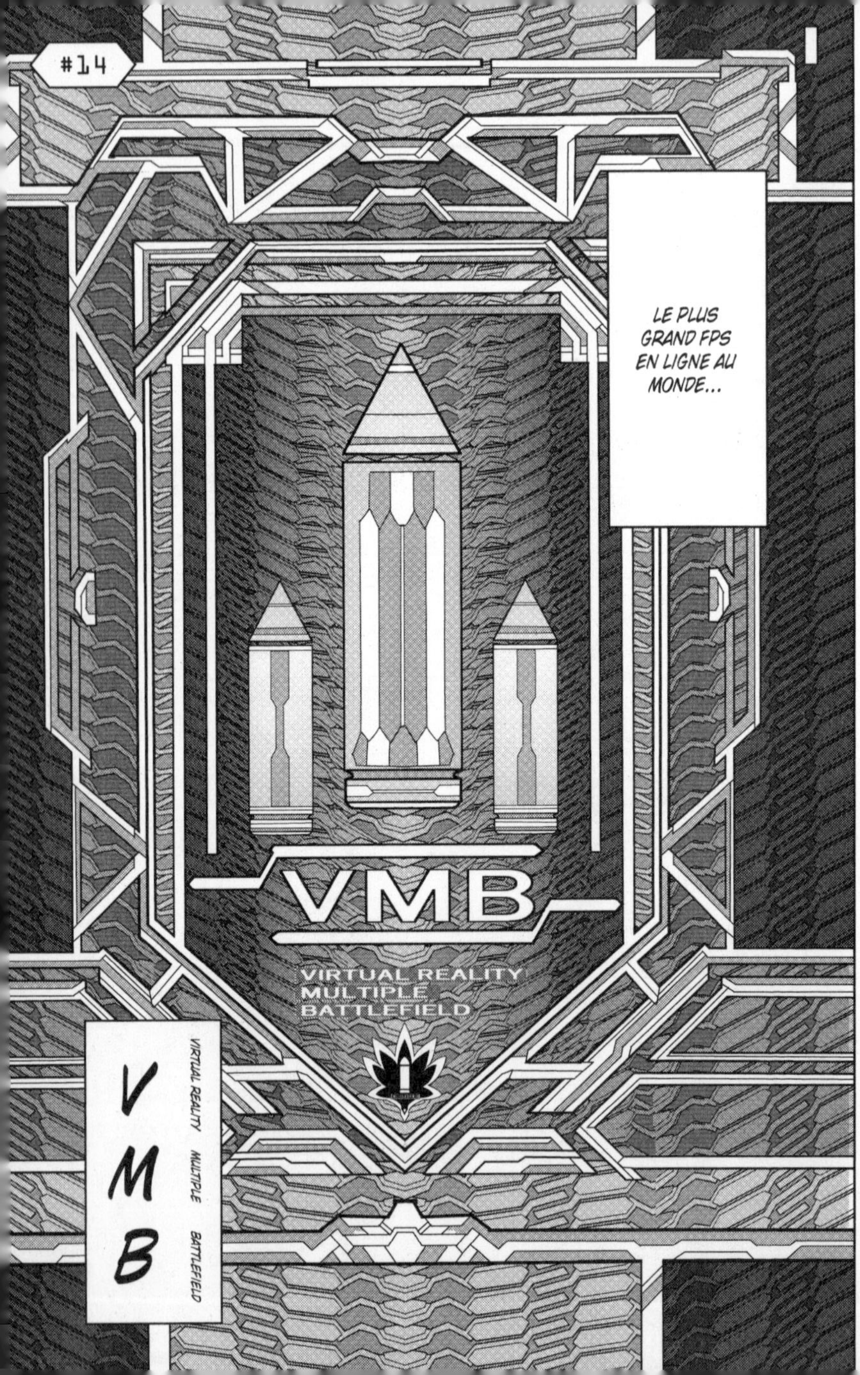
#14
LE PLUS GRAND FPS EN LIGNE AU MONDE...
VMB
VIRTUAL REALITY MULTIPLE BATTLEFIELD
VMB
VIRTUAL REALITY MULTIPLE BATTLEFIELD

FROM
FPS
FIRST PERSON SHOOTER
TO
RPG
ROLE PLAYING GAME

FROM
FPS
FIRST PERSON SHOOTER
RPG
ROLE PLAYING GAME

JE LE SAIS...
MIEUX QUE QUICONQUE ...
C'EST...
UN CORPS DE JEU VIDÉO...
FIN

LA... PLAIE...
A DISPARU ...
DOM
UN CORPS INHUMAIN QUI N'EST PLUS TOUCHÉ PAR LA FATIGUE, ET...
ENFIN ...
CETTE CAPA-CITÉ DE GUÉRI-SON...

VLAF
HUMPF !!
SHLARK
TAC
TAC
BLAM
MERDE !!
MANQUE D'ATTENTION !

JE NE M'EN SUIS PAS DU TOUT RENDU COMPTE !
MAIS C'EST PAS SEULEMENT À CAUSE DE L'ABSENCE DE CIEL QUE JE NE ME SUIS APERÇU DE RIEN !
MALGRÉ CES LONGUES HEURES DE COMBAT...
JE NE SUIS PAS DU TOUT FATIGUÉ !
ROLL
GIIH...
GYA-AAA-AAA-AAA-AAA-AAA-AAA-AAA-AAA-AAA-AAAH !!

BIP
18 HEURES ?!
JE ME BATS NON-STOP DEPUIS 18 HEURES ?!
MOI ?!
AH...

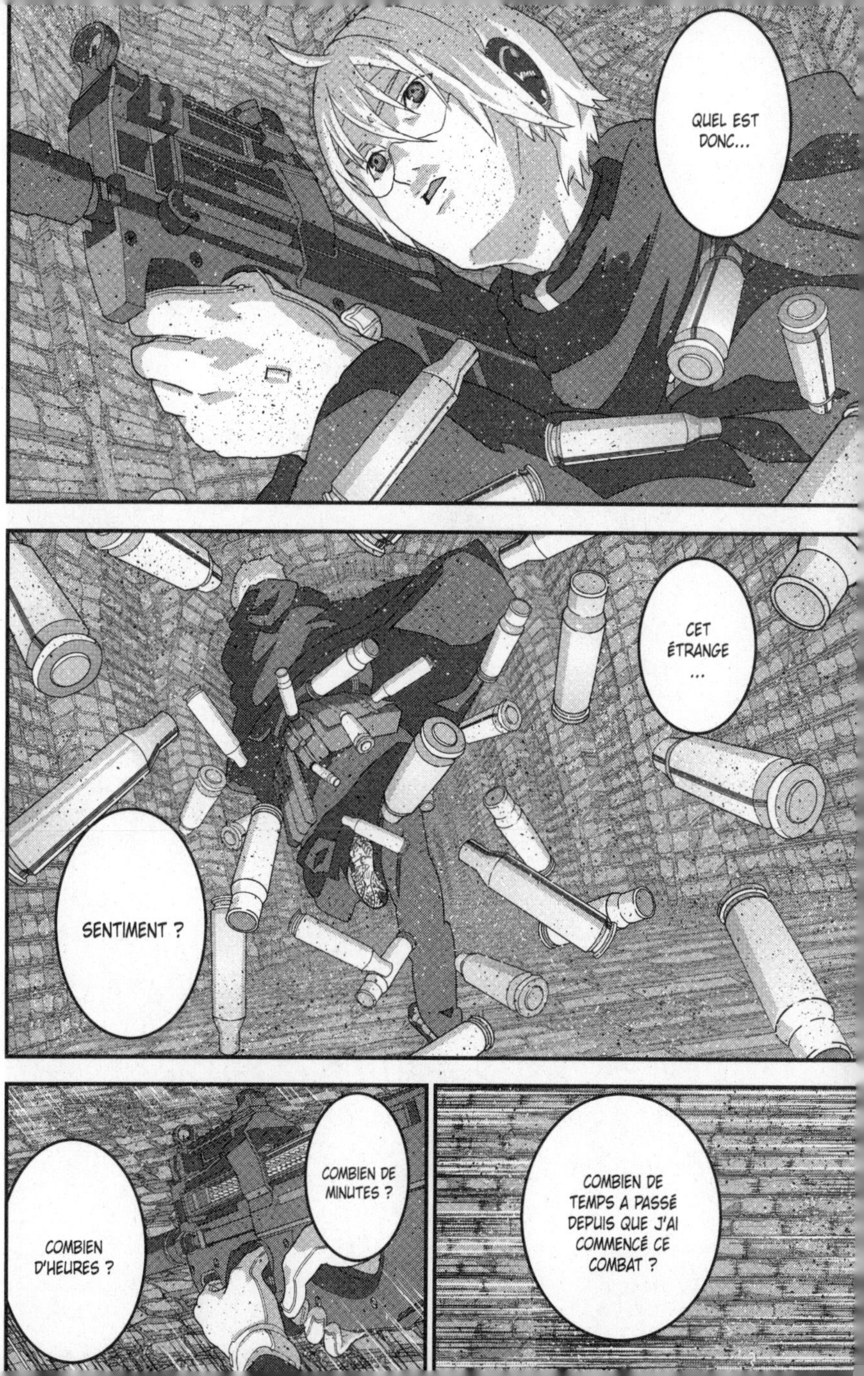
QUEL EST DONC...
CET ÉTRANGE ...
SENTIMENT ?
COMBIEN D'HEURES ?
COMBIEN DE MINUTES ?
COMBIEN DE TEMPS A PASSÉ DEPUIS QUE J'AI COMMENCÉ CE COMBAT ?

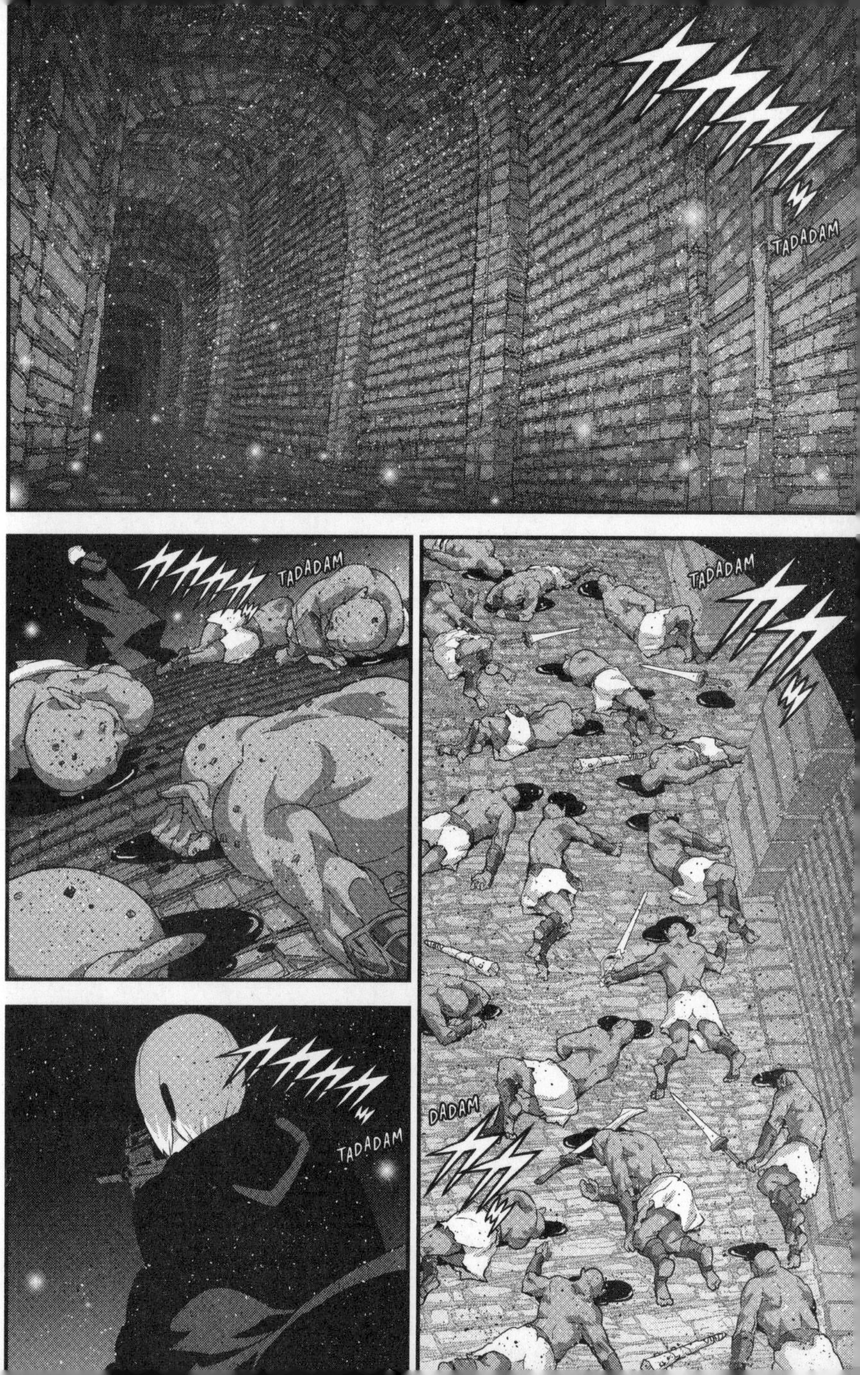

TADADAM
TADADAM
DADAM
TADADAM
TADADAM

BIP
35/50
HUM ?
TOUS LES MONSTRES SEMBLENT SE DIRIGER VERS MOI…
BON SANG !
JE CROIS QUE C'EST LE BRUIT DE MA MINE ANTI-PERSONNELLE QUI LES A ATTIRÉS !
TANT PIS !
CLIC
PAS LE CHOIX, JE DOIS ME BATTRE !

LE DONJON ASPIRE LEUR VITALITÉ, ET...
EN CRÉE UNE NOUVELLE, MAIS...
J'AI LE SENTIMENT...
D'ÊTRE MOI AUSSI ATTIRÉ PAR LE DONJON...
PAR CES PIERRES MA-GIQUES SERVANT D'APPÂT.

VOILÀ UNE NOUVELLE DIFFÉRENCE …
AVEC LE JEU…
MAIS…
C'EST ÉTRANGE.
CES MONSTRES SONT DES COPIES DES CRÉATURES ORIGINELLES CRÉÉES PAR LE DONJON.
ET POURTANT …
ELLES SEMBLENT PARFAITEMENT VIVANTES !

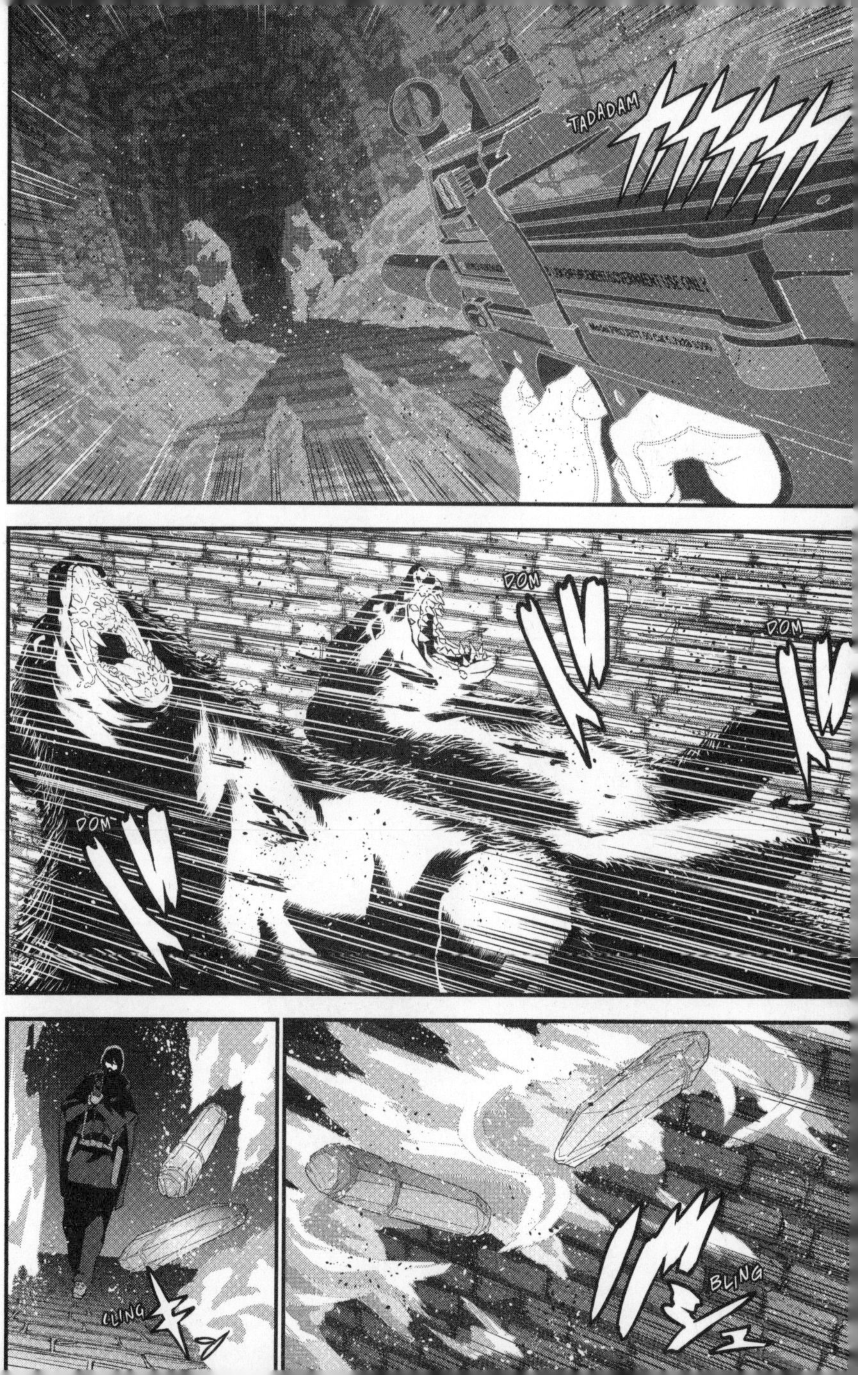
TADADAM
DOM
DOM
DOM
BLING
CLING

VLOUF
OUAAH !!
JE NE VOIS PLUS RIEN À CAUSE DE CE NUAGE DE POUS-SIÈRE !
MODE INFRA-ROUGE ON !
BIP
50/50
TAC

TAC
TAC
TAC
BAM
GRAA-
AAA-
AAA-
AAA-
AAA-
AAA-
AAH
!!
BAM

BON...
TENDONS-LEUR UN PIÈGE.
ENNEMI EN FACE
M18 CLAYMORE
AU LIEU DE GASPILLER DES BALLES POUR RIEN ... ARRANGEONS-NOUS POUR PRIVER L'ENNEMI DE SES CAPACITÉS DE DÉPLACEMENT.
BACK
VENEZ PAR ICI !
ALLEZ !!
GROO-OOOO-OOOO-OOOO-AAAH !

CET OURS SE DÉPLAÇAIT BIEN PLUS RAPIDEMENT QUE PRÉVU, ET...
CLAP
MON PREMIER *HEAD SHOT* N'A PAS SUFFI À LE TUER.
IL EST FORT PROBABLE QU'UN JOUR, JE TOMBE NEZ À NEZ AVEC UN MONSTRE BIEN PLUS RAPIDE QUE MOI.
DAA-DAA-DAM !!
HUM ?
IL FAUDRA DONC QUE JE VISE LES JAMBES.
DEUX MONSTRES ARRIVENT À TOUTE VITESSE DEVANT MOI...

MÊME SI JE PRATIQUE SOUVENT LE WALL RUN DANS VMB ...
JE NE L'AVAIS ENCORE JAMAIS TESTÉ DANS CE MONDE...
IL N'EMPÊCHE ...
QU'À FORCE DE METTRE EN PRATIQUE, SANS ENTRAÎNEMENT, LES TECHNIQUES QUE J'ARRIVAIS À FAIRE EN JEU...
JE RISQUE, UN JOUR, DE MOURIR EN TOMBANT SUR UNE QUE JE N'ARRIVE PAS À REPRODUIRE.

TOP
TADADAM
OUU-
UOO-
OOO-
OOO-
OOOH
!!
CLING
VIOUH

WHOUU
JE L'AI FAIT !
CETTE TECHNIQUE QUI PERMET DE PERCER LES LIGNES DE DÉFENSE ENNEMIES !
WHOUU
VIOUP
LE WALL RUN !
TCHAC
TCHORK
TCHORK
GOU-OOO-OOO-OOH !
DAAH

GROOO-OOOOO-OOOAA-AAAAA-AAAAA-AAAAA-AAAAR !
ILS M'ENCER-CLENT !!
GROOAH
TAP
TAP
TAP
TAP

TADADAM
DOM
DOM
DOM
DOM
!
TADADAM

DOM
VIOUH
BAM
TCHAC

C'EST DINGUE !
LE TAUX DE RENCONTRE DES MONSTRES EST BIEN PLUS ÉLEVÉ QU'À LA SURFACE !
TADAM
TADAM
TADAM
TADAM
TADAM
TADAM
TADAM
TADAM
DOM
DOM

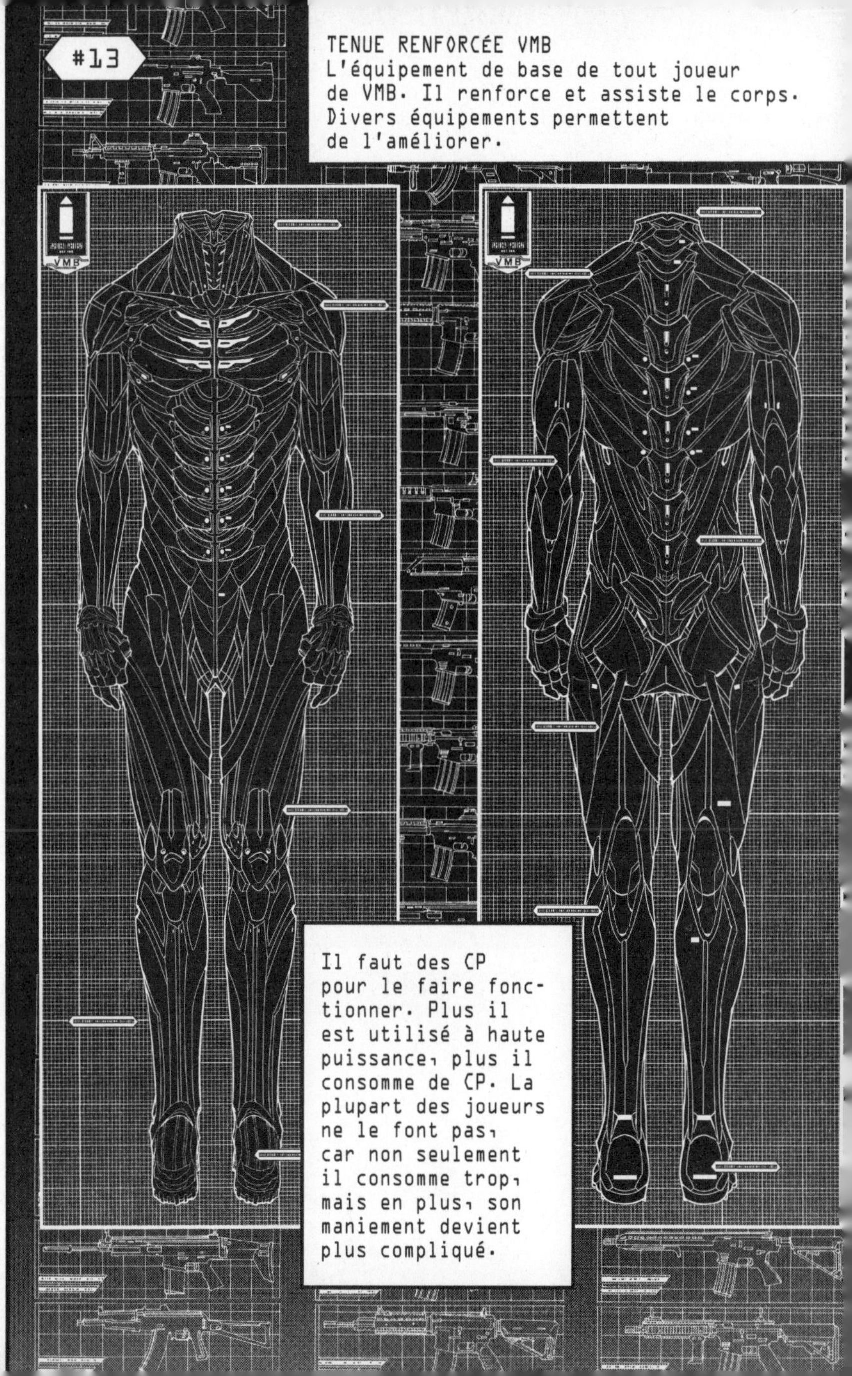
#13
TENUE RENFORCÉE VMB
L'équipement de base de tout joueur de VMB. Il renforce et assiste le corps. Divers équipements permettent de l'améliorer.
VMB
VMB
Il faut des CP pour le faire fonctionner. Plus il est utilisé à haute puissance, plus il consomme de CP. La plupart des joueurs ne le font pas, car non seulement il consomme trop, mais en plus, son maniement devient plus compliqué.

#13
BIEN.
TOUT ÇA M'A MOTIVÉ.
CONTINUONS LA CRÉATION DE LA CARTE.
GIIIH !!
BIP
...

HO HO HO !
IL ACCEPTE FINALEMENT LES OBJETS INCONNUS SI ON LES NOMME À SA PLACE !
ILS SONT INCROYABLES, CES COFFRETS CADEAUX !
ÇA VA CONSIDÉRABLEMENT FACILITER MON EXPLORATION DES DONJONS ET MES DÉPLACEMENTS, ÇA !
MAIS BON... C'EST UN PEU DIFFICILE À UTILISER...
FIN

CLONG
INCONNU
CODE:1112
INCONNU ?!
HUM ?
IL EST NÉANMOINS PARVENU À DÉTECTER LA PIERRE, MAIS ...
POUR LE MOMENT, JE DOIS LA BAPTISER MOI-MÊME...
PIERRE MAGIQUE
BIP
TOUT SIMPLEMENT "PIERRE MA-GIQUE".
BIP
JE RENVOIE LE COFFRET CADEAU, PUIS...
VLOUF
L'INVOQUE DE NOUVEAU.
VIOUM
VOYONS VOIR !
BAM

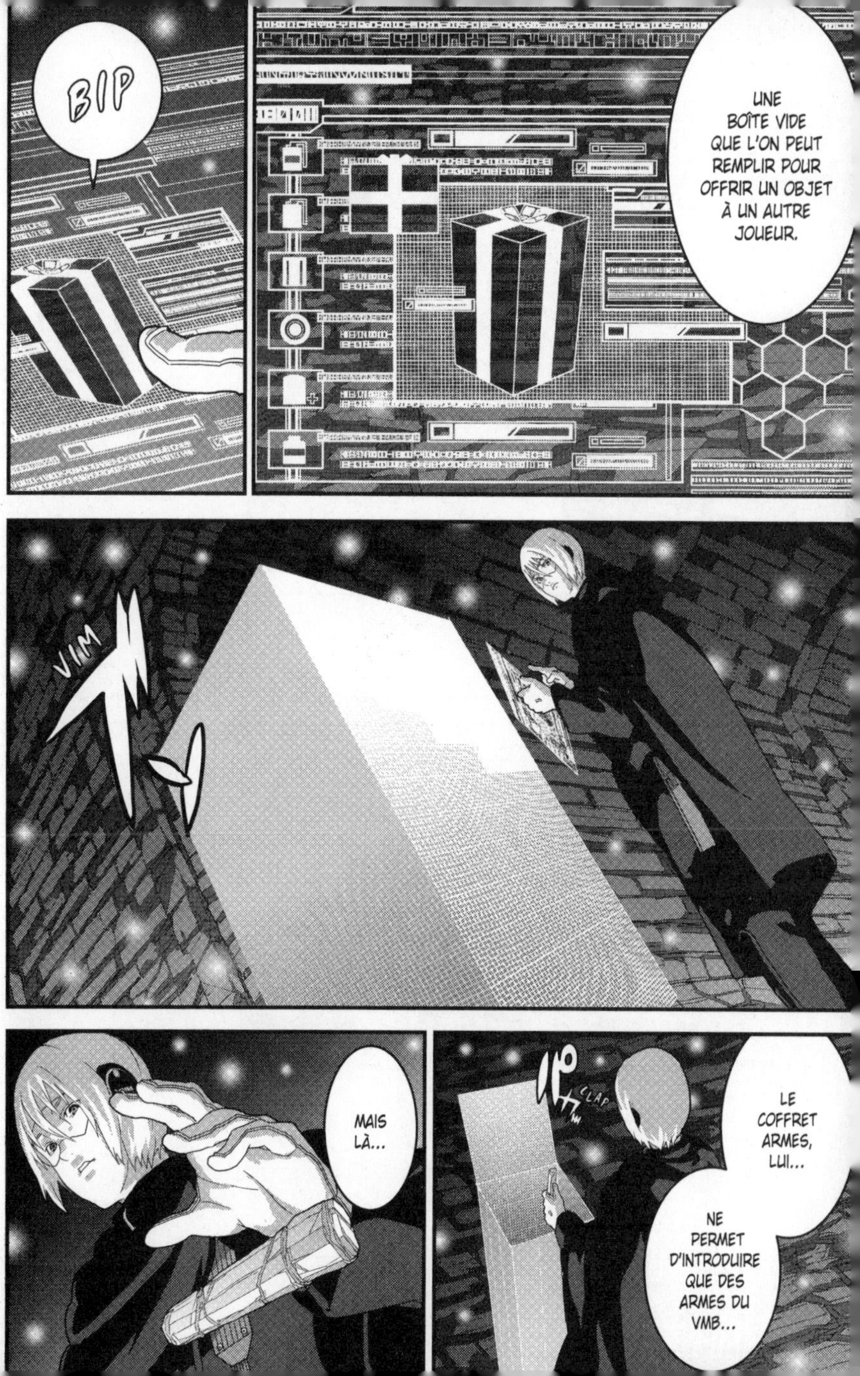
BIP
UNE BOÎTE VIDE QUE L'ON PEUT REMPLIR POUR OFFRIR UN OBJET À UN AUTRE JOUEUR.
VIM
MAIS LÀ...
CLAP
LE COFFRET ARMES, LUI...
NE PERMET D'INTRODUIRE QUE DES ARMES DU VMB...

IL N'EMPÊCHE...
IL Y EN A UN PAQUET ...
TANT PIS, JE VAIS DEVOIR M'ACHETER UN SAC À DOS MILITAIRE DANS LA BOUTIQUE.
HUM ?
UN COFFRET CADEAU ?
AH OUI, ÇA APPARAÎT DE TEMPS EN TEMPS...

JE NE PEUX TOUJOURS PAS TOUT EMPORTER AVEC MOI.
BIP
JE VAIS DEVOIR TRANS-FORMER LE RESTE EN CP.
JE NE PEUX PAS ME PERMETTRE DE GÂCHER CES RESSOURCES.
BIP
BIP
BIP
CLONG
HUM ?
ROLL
BIP
UNE PIERRE MAGIQUE ÉLÉ-MENTAIRE ?
HUM... APPAREMMENT, ON NE PEUT PAS CHANGER LES PIERRES MAGIQUES ÉLÉMENTAIRES EN CP...

BIEN...
JE CROIS QUE J'ARRIVE À DESTINATION.
LA DERNIÈRE FOIS...
J'AI ÉRADIQUÉ LES MONSTRES ...
CLAP
DE L'ENGRENAGE ET OBTENU DES PIERRES MAGIQUES, MAIS...
VLAF
JE N'AI PU...
EMPORTER TOUT AVEC MOI.
J'AVAIS DONC TOUT CACHÉ ICI POUR ÉVITER QU'ON ME VOLE MON BUTIN, ET...
TANT MIEUX POUR MOI, PERSONNE N'A TROUVÉ CETTE PLANQUE.

DANS LES JEUX DE TYPE FPS...
LA CONNAISSANCE PARFAITE DE LA CARTE ...
DE LA TOPOGRAPHIE ET DES DIFFÉRENCES D'ALTITUDE EST PRIMORDIALE POUR GAGNER.
QUAND ON CONNAÎT PAR CŒUR LES ENDROITS OÙ L'ENNEMI PEUT POTENTIELLEMENT SE CACHER ...
CELA TE MET EN POSITION DE FORCE POUR L'AFFRONTER.
ÇA DOIT NORMALEMENT ÊTRE LA MÊME CHOSE DANS UN DONJON.
VOILÀ POURQUOI JE DOIS COMPLÉTER MES CARTES.
BIP BIP
HUM ?

* NDT : VIRTUAL REALITY MULTIPLE BATTLEFIELD.

HUM...
PETIT...
NE FAIS PAS L'IMPOSSIBLE DANS LE DONJON.
!
LE PREMIER RÔLE D'UN EXPLORATEUR DE DONJON, C'EST DE REVENIR VIVANT D'UNE EXPLORATION.
OUI...
MERCI DU CONSEIL.

À APRÈS-DEMAIN !
IL LUI PROPOSE UN RENCARD SANS AUCUNE HÉSITATION…
IL ASSURE, LE SCHWARTZ !
LABYRINTHE DES CROCS DU LOUP

NORMALEMENT...
C'EST MA MISSION D'INVESTIGATION DES ALENTOURS DU VILLAGE DE MAÏRAL QUI AURAIT DÛ FAIRE OFFICE DE TEST, MAIS...
J'AI MALHEUREUSEMENT FINI ENLEVÉE PAR DES GOBELINS...
AH OUI...
AH...
JE SAIS !
ET SI...
ON ALLAIT DÎNER ENSEMBLE UN DE CES QUATRE POUR FÊTER NOTRE RÉUSSITE À NOS TESTS RESPECTIFS, ASHLEY ?
DEMAIN !!
NON, APRÈS-DEMAIN JE PEUX ME TROUVER DU TEMPS LIBRE !
VRAIMENT ?!
DANS CE CAS, À APRÈS-DEMAIN.

PFIOU...
CELA RÉSOUT MON PROBLÈME D'OBTENTION DE CP.
BIEN ...
POUR REMPLIR LES PAPIERS, JE VAIS AVOIR BESOIN DE VOTRE CARTE DE GUILDE.
LA VOICI.
IL N'EMPÊCHE, TOI AUSSI ASHLEY...
TU DEVIENS OFFICIELLEMENT INSPECTRICE DE LA GUILDE !
HÉÉÉ !
PAF
HUM ?
MON TEST...
T'A SERVI D'ÉVALUATION À TOI AUSSI, ASHLEY ?
OU...
OUI ...

EXAMINATRICE ASHLEY…
COMMENT S'EST PASSÉE L'EXPLORATION DU DONJON DE SCHWARTZ ?
SON EXPLORATION DU DONJON N'A MIS EN EXERGUE AUCUN PROBLÈME PARTICULIER.
IL VA POUVOIR PASSER RANG D.
TRÈS BIEN.
SCHWARTZ A DONC VALIDÉ SON PASSAGE DE NIVEAU, ET…
NOUS VOUS DÉLIVRONS LE TITRE D'EXPLORATEUR DE DONJONS.
MERCI.

BONJOUR SCHWARTZ, ET...
TOI AUSSI, ASHLEY !

...
L'ENVIE D'ALLER ...
LE TERMINER ME TITILLE UN PEU.
TANT QUE JE NE DÉCOUVRE PAS DE MÉTHODE POUR RETOURNER DANS MON MONDE...
JE SENS QUE VIVRE DANS CELUI-CI VA ÊTRE EXTRÊMENT CREVANT.
J'AI BESOIN D'UN BUT ...
D'UN OBJECTIF !

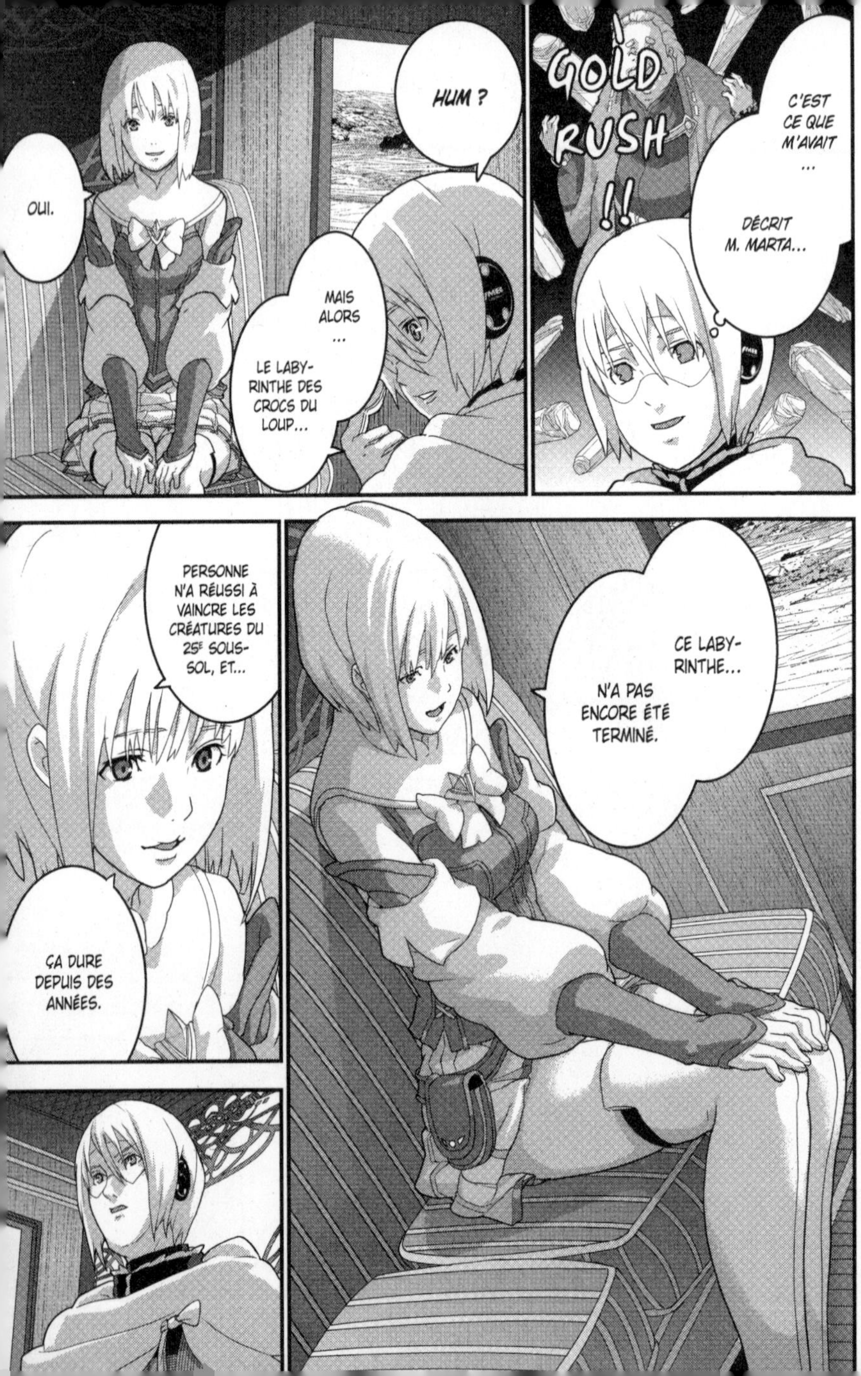
GOLD RUSH !!
C'EST CE QUE M'AVAIT … DÉCRIT M. MARTA…
HUM ?
MAIS ALORS … LE LABYRINTHE DES CROCS DU LOUP…
OUI.
CE LABYRINTHE… N'A PAS ENCORE ÉTÉ TERMINÉ.
PERSONNE N'A RÉUSSI À VAINCRE LES CRÉATURES DU 25E SOUS-SOL, ET…
ÇA DURE DEPUIS DES ANNÉES.

IL SUFFIT DE LE DÉTRUIRE.
AINSI...
LES CRÉATURES CESSERONT D'AFFLUER ET...
LE DONJON ...
DEVIENDRA UNE SIMPLE MINE DONT ON PEUT EXPLOITER LES RESSOURCES.

DANS LES PROFONDEURS DES LABY-RINTHES ...
AU DERNIER SOUS-SOL ...
IL EXISTE, CE QUE L'ON CONSIDÈRE COMME LE CŒUR DU DONJON...
LE NOYAU DU LABYRINTHE.

FINISSENT, AU BOUT D'UN MOMENT, PAR EN SORTIR POUR INON-DER LE MONDE.
VOILÀ DONC L'ORI-GINE DE CE PHÉNOMÈNE D'ENGRE-NAGE !
CEPEN-DANT ...
IL Y A UN MOYEN POUR ÉVITER QUE ÇA N'ARRIVE.

UNE SECONDE !!
L'AUTRE JOUR, JE ME SUIS BATTU CONTRE DES HARPIES DE CLASSE SUPÉRIEURE !!
ÇA VEUT DONC DIRE QU'IL EXISTE UN DONJON À PROXIMITÉ ?
...
C'EST ÇA.
SI LES MONSTRES, QU'UN LABYRINTHE ATTIRE SONT PUISSANTS DE BASE ...
LE DONJON SERA ALORS CONSIDÉRÉ COMME DIFFICILE.
QUOI QU'IL EN SOIT...
LES ÊTRES, ENGENDRÉS À LA PELLE, DANS LES DONJONS...

PARMI CES MONSTRES, CEUX QUI PARVIENNENT À SE NOURRIR PLUS QUE LES AUTRES DES NUTRIMENTS OFFERTS PAR LE DONJON…
DEVIENNENT BIEN PLUS PUISSANTS.
C'EST AINSI QU'ILS ÉVOLUENT EN MONSTRES DE CLASSE SUPÉRIEURE.
!
CE TYPE DE CRÉATURE N'APPARAÎT PAS AINSI DANS LA NATURE.
IL FAUT FORCÉMENT QU'ELLES GRANDISSENT DANS DES LIEUX…
BÉNÉFICIANT D'UN FORT APPORT NUTRITIONNEL, COMME LES DONJONS.

SANS PARLER ...
DE CEUX QUI NAISSENT ENCORE DE NOS JOURS.
?!
LES NOUVEAUX LABYRINTHES, FRAÎCHEMENT APPARUS...
ATTIRENT NATURELLEMENT LES MONSTRES ALENTOUR EN LEUR SEIN.
APRÈS UN TEMPS, LES CRÉATURES ATTIRÉES ...
VOIENT NAÎTRE EN ELLES DES PIERRES MA-GIQUES LEUR SERVANT DE NOYAU.

PEUX-TU M'EN DIRE PLUS SUR L'ORIGINE DE CES DONJONS ?
...
BONNE QUESTION.
JE NE SUIS PAS SPÉCIALISTE DU SUJET, MAIS...
JE PEUX VOUS RACONTER CE QUE LES LÉGENDES ET CERTAINS FAITS PASSÉS NOUS EN DISENT.
VOUS CONNAISSEZ ...
LE LABYRINTHE DES CROCS DU LOUP, MAIS...
IL EN EXISTE ÉGALEMENT D'AUTRES DANS DIVERSES RÉGIONS.

#12
ASHLEY...
OUI ?